U0593269

中国—东盟研究

CHINA-ASEAN STUDIES

2019年第二辑（总第十辑）

中国—东盟区域发展省部共建协同创新中心◎编

经济管理出版社

ECONOMY & MANAGEMENT PUBLISHING HOUSE

图书在版编目（CIP）数据

中国—东盟研究. 2019 年. 第二辑/中国—东盟区域发展省部共建协同创新中心编. —北京：经济管理出版社，2019. 12

ISBN 978 – 7 – 5096 – 6808 – 5

Ⅰ. ①中… Ⅱ. ①中… Ⅲ. ①自由贸易区—区域经济发展—研究—中国、东南亚国家联盟 Ⅳ. ①F752. 733

中国版本图书馆 CIP 数据核字（2019）第 292718 号

组稿编辑：张巧梅
责任编辑：张巧梅　　侯娅楠
责任印制：黄章平
责任校对：王纪慧

出版发行：经济管理出版社
　　　　　（北京市海淀区北蜂窝 8 号中雅大厦 A 座 11 层　　100038）
网　　　址：www. E – mp. com. cn
电　　　话：（010）51915602
印　　　刷：三河市延风印装有限公司
经　　　销：新华书店
开　　　本：720mm × 1000mm/16
印　　　张：11
字　　　数：181 千字
版　　　次：2019 年 12 月第 1 版　　　2019 年 12 月第 1 次印刷
书　　　号：ISBN 978 – 7 – 5096 – 6808 – 5
定　　　价：68. 00 元

《中国—东盟研究》编辑部

目录

"一带一路"

区域研究

国别研究

✿目 录

附 录

Contents

"the Belt and Road"

Regional Studies

Country Studies

Appendix

"一带一路"
"the Belt and Road"

推动可持续成为"一带一路"建设主要原则：来自菲律宾的经验

霍维托·何塞·P. 卡第巴（著）　　李希瑞（译）*

【摘要】在第二届"一带一路"国际合作高峰论坛上，习近平主席指出，"一带一路"建设要坚持"开放、绿色、廉洁"理念，以此回应了参与国和观察家们对"一带一路"倡议进程进行改革的呼吁。因此，第二届"一带一路"国际合作高峰论坛圆桌峰会联合公报要求建设"高质量、可靠、抗风险、可持续的基础设施"，这些基础设施应该"在全周期内切实可行、价格合理、包容可及、广泛受益"。"一带一路"建设正向更可持续转变，本文主要基于菲律宾的经验，概述了参与国的主要政策考虑和选择。具体而言，"一带一路"国家可考虑将与可持续发展相关的原则纳入两个层面，即伙伴关系和项目周期。在伙伴关系层面，各国政府必须确保政策稳定并提供有利的环境；在项目周期层面，各国可推动落实透明和具有竞争性的采购程序和健全的环境影响评估，并以利益攸关方和地方社区的参与作为补充。此外，可以利用公民社会组织和非政府组织等第三方机构来确保项目得到有效和公正的监督。本文认为，"一带一路"倡议可以作为检验中国能否在引领全球经济可持续增长和亚洲区域一体化加速发展方面发挥领导作用的试金石。因此，为了完成这样一项庞大且繁重的工作，明确合作伙伴的角色至关重要。

---

*　李希瑞，广西大学国际学院，《中国—东盟研究》编辑。

【关键词】 可持续发展；菲律宾；中国"一带一路"倡议
【作者简介】 霍维托·何塞·P. 卡第巴（Jovito Jose P. Katigbak），菲律宾
　　　　　外交学院，外交事务研究专家。

2019 年 4 月 25～27 日，第二届"一带一路"国际合作高峰论坛在中国北京举行，来自 150 个国家的多位领导人和约 5000 名代表齐聚一堂，围绕"一带一路"未来的发展轨迹进行了对话。在会议中，有一个值得关注的新闻话题，那就是中国国家主席习近平宣布，要将"一带一路"建设与"开放、绿色、廉洁"理念结合起来。① 中国政府此举可被视为回应了对"一带一路"相关程序进行改革的呼吁。"一带一路"建设以可持续发展为主要指导原则甚至最终目标，中国和参与国能从菲律宾在基础设施项目中落实可持续原则吸取什么经验呢？

"一带一路"建设项目的各方正寻求如何同时且有效解决所面临的经济、社会和环境问题，本文概述了他们主要的政策考虑和选择。文章分为五个部分：第一部分回顾了"一带一路"建设的目标和规模；第二部分讨论了菲律宾参与"一带一路"倡议的本质；第三部分对"一带一路"建设的进展与问题进行分析；第四部分总结了菲律宾推动可持续基础设施建设的经验；第五部分对"一带一路"建设做出了展望。

一、"一带一路"目标和规模回顾

2013 年，中国国家主席习近平在哈萨克斯坦纳扎尔巴耶夫大学演讲时宣布构建"丝绸之路经济带"计划。同年晚些时候，习近平主席在印度尼西亚国会发表演讲，表达了中国将建设"21 世纪海上丝绸之路"的志向。两者共同组成了"一带一路"倡议。随后，《推动共建丝绸之路经济带和21 世纪海上丝绸之路的愿景与行动》于 2015 年 3 月发布，同时保证"一带一路"项目资金将通过投资、联合贷款和银行信贷等方式筹集。主要融

---

① Tan Dawn Wei, "China will keep Belt and Road sustainable, clean, and green: Xi Jinping", *The Straits Times*, April 26, 2019, https://www.straitstimes.com/asia/east-asia/china-will-keep-belt-and-road-sustainable-clean-and-green-xi-jinping，登录时间：2019 年 5 月 6 日。

资机制有亚洲基础设施投资银行（Asian Infrastructure Investment Bank，AI-IB，简称亚投行）、金砖国家新开发银行（New Development Bank，NDB，简称金砖银行）、上海合作组织银行和丝路基金等。① 同时也鼓励中国金融机构和企业发行人民币和外币债券，从而为"一带一路"倡议项目提供融资。"一带一路"倡议覆盖了全球40%的国内生产总值和65%的人口。

"一带一路"倡议坚守五项原则：一是恪守《联合国宪章》的宗旨和原则，遵守和平共处五项原则；二是坚持开放合作；三是坚持和谐包容；四是坚持市场运作；五是坚持互利共赢。"一带一路"倡议还秉承四大理念，即"和平合作、开放包容、互学互鉴、互利共赢"。此外，"一带一路"倡议还致力于打造政治互信、经济融合、文化包容的利益共同体、命运共同体和责任共同体。

从地理范围上看，"一带一路"将连接两个大圈：一个是充满活力的东亚经济圈，另一个是发达的欧洲经济圈。具体而言，"一带"，即"丝绸之路经济带"，重点合作方向有三个，分别是中国经中亚、俄罗斯至欧洲（波罗的海），中国经中亚、西亚至波斯湾、地中海，中国至东南亚、南亚、印度洋。新亚欧大陆桥经济走廊建设是"一带一路"倡议的重要内容，中国—巴基斯坦经济走廊、孟加拉国—中国—印度—缅甸经济走廊、中国—蒙古—俄罗斯经济走廊、中国—中亚—西亚经济走廊以及中国—中南半岛经济走廊建设也至关重要。国际交通干线和经济产业园是推进"一带一路"建设的合作平台。在海上，"一路"，即"21世纪海上丝绸之路"，重点合作方向有两个，分别是从中国沿海港口经南海到印度洋并延伸至欧洲，从中国沿海港口经南海到南太平洋。

此外，"一带一路"建设的五大重点合作领域分别是政策沟通、设施联通、贸易畅通、资金融通、民心相通。在设施联通方面，"一带一路"倡议致力于构建国际大通道，建设连接亚洲各次区域和亚欧非之间的基础设施网络。"一带一路"倡议还寻求发展陆海运输通道，推进港口合作建设，拓展建立民用航空全面合作的平台，这是逐渐发展成为一个区域航空枢纽所必需的。加强能源和国际通信领域的互联互通也被列为优先项目。在资金融通方面，"一带一路"倡议旨在扩大与参与国双边货币互换协议

① Darlene V. Estrada, "The Belt and Road Initiative and Philippine Participation in the Maritime Silk Road", *CIRSS Commentaries*, Vol. 7, No. 7, 2017.

的覆盖范围和规模，并在亚洲引入债券市场。

黄益平认为中国启动"一带一路"建设出于经济和政治两方面的原因。① 经济方面，中国目前正从以出口为导向、以固定资产为中心的投资型经济转向严重依赖服务业和高附加值行业的经济。有学者认为"一带一路"倡议将提升中国的科技能力和产业水平，帮助其建设更健全的金融体系以及加强国有企业管理。观察家们也认为，通过"一带一路"倡议，中国可向世界欠发达地区转移其过剩的钢铁、煤炭、船和其他建筑材料产能。除了经济因素外，专家们还认为，鉴于中国在亚洲的地位日益提升，这一倡议将使中国在推动全球经济治理体系变革方面发挥更大的作用。

二、中国主导：菲律宾参与建设海上丝绸之路

2018 年 11 月，菲律宾与中国签署"一带一路"合作谅解备忘录，正式加入"一带一路"倡议。谅解备忘录规定，双方落实项目时必须"严格遵守国家法律、法规、规章和政策"，并"相互尊重领土完整和主权"。② 该非约束性备忘录有效期为四年，可以再续签四年。同时签署的其他协议还涉及石油和天然气开发、基础教育、文化交流、基础设施项目和外汇等领域。③

在 2019 年 4 月举行的第二届"一带一路"国际合作高峰论坛期间，杜特尔特政府与中国企业签署了 19 项商业协议，总价值 121.6 亿美元。这些协议预计将在基础设施、电信、能源、旅游和经济特区等领域创造超过 2.1 万个就业岗位。④ 然而，需要强调的是，菲律宾政府尚未公布属于"一带一路"倡议的官方协议清单。Estrada 强调，菲律宾更有可能通过以

---

① Yiping Huang, "Understanding China's Belt & Road Initiative: Motivation, framework and assessment", *China Economic Review*, Vol. 40, 2016, pp. 314 – 321.

② Daryl John Esguerra, "READ: PH – China MOU on Belt and Road Initiative", *Inquirer. net*, November 27, 2018, https://globalnation. inquirer. net/171728/read – ph – china – mou – on – belt – and – road – initiative, 登录时间：2019 年 5 月 8 日。

③ Nestor Corrales, "PH, China sign MOU on oil and gas development, 28 other deals", *Inquirer. net*, November 20, 2018, https://globalnation. inquirer. net/171449/ph – and – china – sign – mou – on – oil – and – gas – development – 28 – other – deals, 登录时间：2019 年 5 月 8 日。

④ Arianne Merez, "PH inks P633 billion in trade, investment deals with China", *ABS – CBN News*, April 26, 2019, https://news. abs – cbn. com/business/04/26/19/ph – inks – p633 – billion – in – trade – investment – deals – with – china, 登录时间：2019 年 4 月 26 日。

港口发展为重点的"21世纪海上丝绸之路"来参与"一带一路"倡议。①

菲律宾参与"一带一路"倡议主要源于两大因素：一是"大建特建"计划需要额外的融资机制，二是促进外交关系多元化，实现独立自主的外交政策。第一个因素与杜特尔特政府的愿景有关，即在2016~2022年花费8万亿~9万亿菲律宾比索（合超过1500亿美元），带领国家走向"基础设施的黄金时代"。因此，"一带一路"倡议将通过发展包括能源、信息通信技术和水资源在内的基础设施来落实"大建特建"计划。第二个因素则与菲律宾政府希望与中国等非传统和新兴伙伴建立更加平衡的双边关系网络有关。2016年6月菲律宾总统杜特尔特就职后，中菲关系翻开了新的篇章。这也促成了一份六年发展计划（SYDP）的签署，双方将在贸易、投资、农业和渔业、基础设施以及旅游等领域进一步探讨双方的伙伴关系。②"一带一路"倡议为中国与菲律宾开展更多双边交流打开了大门。

尽管可以获得的好处显而易见，但是杜特尔特政府仍必须解决和应对一系列国内问题，以提升国民的信任度。这会对菲律宾政府在"一带一路"倡议中所采取的行动产生影响，因为相关项目的成功依赖于菲律宾民众的认同。容纳能力低以及由于财政和政治因素而在执行基础设施项目方面的拖延和失败也是同样重要的问题。

三、"一带一路"的进展和参与国的忧虑

2013年以来，"一带一路"在促进沿线国家间贸易方面取得长足进展。根据"一带一路"门户网站统计，中国已经与123个国家和29个国际组织签署了171份合作文件。俄罗斯、哈萨克斯坦、巴基斯坦、韩国和越南是拥有"一带一路"相关合作项目最多的国家，而俄罗斯、菲律宾和柬埔寨是与中国政策交流最多的国家。2013~2018年，中国与"一带一路"沿线国家间的货物贸易额已经突破了6万亿美元。中国对"一带一路"沿线市场的主要出口产品是机电产品，主要进口产品是电气设备和化石燃料。

---

① Arianne Merez, "PH inks P633 billion in trade, investment deals with China", *ABS - CBN News*, April 26, 2019, https：//news. abs - cbn. com/business/04/26/19/ph - inks - p633 - billion - in - trade - investment - deals - with - china, 登录时间：2019年4月26日。

② Jovito Jose P. Katigbak, "Bridging the Infrastructure Investment Gap through Foreign Aid: A Briefer on Chinese ODA", CIRSS Commentaries, Vol. V, No. 11, June, 2018.

私营企业贡献了贸易总额的43%，相较而言，中亚国家受益更大。

在设施联通方面，中国与200多个国家的600多个港口开通了新航线，与"一带一路"沿线62个国家签署了双边政府间航空运输协定。截至2019年3月底，中欧班列累计超过1.4万趟，可到达欧洲15个国家的50个城市。

此外，亚投行已批准投资的"一带一路"项目总值超过53亿美元，丝路基金已承诺投资约870亿美元。截至2019年4月，亚投行力推"绿色"投资，批准了34个基础设施项目的贷款。印度尼西亚、缅甸和老挝等东盟成员国的绿色基础设施项目已经获得了亚投行的资金。菲律宾方面则为马尼拉大都会防洪项目申请到了2.076亿美元的贷款。中国还与20个国家签署了货币互换协议，在24个国家设立了102家中资银行。

旅游业也出现了增长。统计数据显示，随着1023个姐妹城市的蓬勃发展，有6000万游客在中国和"一带一路"沿线国家间往来。更具体地说，中国赴东盟国家旅游人数呈上升趋势，从2009年的4201人增至2017年的25284人。[1]泰国、新加坡和马来西亚是2007~2016年最受中国游客欢迎的三大目的地。东盟国家到中国旅游的游客数量也在稳步增长，从2009年的500多万增长到2017年的2100多万，其中，大部分游客来自马来西亚、泰国和缅甸。2009~2017年，越南和老挝公民也对游览中国各地表现出了更大的热情。

在教育交流方面，2015年约12万中国学生赴新加坡、泰国、印度尼西亚和越南等国学习。与此同时，7万多名来自泰国、印度尼西亚和越南等国的留学生选择来华求学。中国政府还向巴基斯坦、蒙古、俄罗斯、越南、泰国、老挝、哈萨克斯坦和尼泊尔等"一带一路"沿线国家公民提供奖学金。此外，中国在东盟国家设立了31所孔子学院和29所孔子课堂。泰国拥有15所孔子学院和20所孔子课堂，数量为东盟国家之最，而菲律宾则有4所孔子学院。

与"一带一路"倡议有关的最后一个问题是环境退化。[2]世界自然基

---

[1] Xia Liping, "China – ASEAN people – to – people exchanges against the background of the B&R Initiative", The 6th Network of ASEAN – China Think Tanks (NACT) Annual Conference on "Enhancing Inclusive and Sustainable Economic Development", June 14, 2019, Bangkok, Thailand.

[2] Elizabeth Losos, Alexander Pfaff and Lydia Olander, "The deforestation risks of China's Belt and Road Initiative", Brookings, January 28, 2019, https://www.brookings.edu/blog/future – development/2019/01/28/the – deforestation – risks – of – chinas – belt – and – road – initiative/, 登录时间：2019年5月5日。

金会（WWF）的一项研究显示，"一带一路" 沿线项目可能会导致生物多样性的丧失，因为它们将影响到如大熊猫、大猩猩、濒危老虎和高鼻羚羊等 256 种濒危物种。① 举例来说，耗资 16 亿美元在苏门答腊岛巴丹托鲁森林高地上开发的水电站被认为破坏了世界上最稀有的类人猿塔巴努里猩猩的栖息地。② 此外，主要的 "一带一路" 走廊预计将直接穿过 1700 多个重要的鸟类栖息地、46 个生物多样性热点地区和全球 200 个生态区。另一项研究发现，"一带一路" 倡议可能帮助 800 多种外来入侵物种进入东南亚国家的本土生态系统。③

湄公河穿越缅甸、老挝、泰国、柬埔寨和越南，其沿岸的水电项目也被认为将进一步导致河流流量发生变化，使鱼类迁徙更加受阻。这将导致土壤肥力降低，鱼类资源减少，威胁到沿海地区渔民和社区的生计。④ 去森林化是另一个与环境相关的关键问题。连接马来西亚、印度尼西亚和文莱的泛婆罗洲高速公路等大型 "一带一路" 基础设施项目沿线的森林被砍伐，预计将引发更多山体滑坡、洪水和其他相关灾害。⑤

四、建设可持续基础设施：来自菲律宾的观察

针对以上所提到的担忧，参与国和观察家们呼吁对 "一带一路" 倡议进行升级。作为回应，习近平主席在 2019 年 4 月举行的第二届 "一带一路" 国际合作高峰论坛上指出，要遵循 "开放、绿色、廉洁" 的原则，推进 "一带一路" 建设。具体而言，《第二届 "一带一路" 国际合作高峰论坛圆桌峰会联合公报》（以下简称《联合公报》）要求建设 "高质量、可

---

① World Wildlife Fund, "The Belt and Road Initiative: WWF Recommendations and Spatial Analysis", *WWF Briefing Paper*, May 2017, http://awsassets.panda.org/downloads/the_belt_and_road_initiative_wwf_recommendations_and_spatial_analysis_may_2017.pdf, 登录时间：2019 年 5 月 6 日。

② Jason Thomas, "China's BRI negatively impacting the environment", *The ASEAN Post*, February 19, 2019, https://theaseanpost.com/article/chinas-bri-negatively-impacting-environment, 登录时间：2019 年 5 月 6 日。

③ Xuan Liu, Tim Blackburn, Tianjian Song, Xianping Li, Cong Huang and Yiming Li, "Risks of biological invasion on the Belt and Road", *Current Biology*, Vol. 29. No. 3, 2019, pp. 499 – 505.

④⑤ Maizura Ismail, "What's at stake for the Mekong's fishery", *The ASEAN Post*, November 14, 2018, https://theaseanpost.com/article/whats-stake-mekongs-fishery, 登录时间：2019 年 5 月 7 日。

靠、抗风险、可持续的基础设施",这些基础设施"应确保在全周期内切实可行、价格合理、包容可及、广泛受益"。它还强调推动绿色发展,采取开放和透明的公共采购程序,打击腐败以及鼓励私营企业和当地公司的参与。同时,还向相关各方提供了债务可持续性分析框架。因此,随着"一带一路"走向更加可持续的未来,中国和参与国或许可以从菲律宾的经验中获得一些重要的启示。

与可持续有关的主要原则由此可分为以下两个层面:一是伙伴关系,二是项目周期。在伙伴关系层面,各国政府必须确保政策稳定。普华永道的一份报告强调,"一带一路"项目容易受到漫长的孕育期所带来的地缘政治风险的影响,这些风险取决于政治周期、双边关系的发展以及影响项目执行的跨境争端。① 这对于菲律宾而言并不陌生。菲律宾的地方选举每三年举行一次,而总统和副总统以及 12 名参议员选举每六年举行一次。其余 12 名参议员的固定任期为 3 年,可以争取再连任 3 年。由于认识到签订"一带一路"相关协议不仅仅是一项经济决策,更是一项政治决策,参与国的政府应保持政策的连续性,以防止项目被搁置或取消。

提供一个有利环境有助于落实项目以及最大化利用已有的基础设施。例如,就"一带一路"项目而言,咨询顾问和进口设备不再需要烦琐的海关和边境手续。为了最大限度地利用已有设施,各国政府必须采取更有力的贸易便利化措施,并建立更便捷的贸易物流网络。对菲律宾来说,2016年 5 月通过的第 10863 号共和国法案,也被称为《海关现代化和关税法案》(CMTA),要求采用更现代化、更高效的海关标准、规则和流程管理。该法案要求海关总署通过使用信息和通信技术,提升在有效管理海关管控程序方面的能力。杜特尔特政府还于 2018 年 5 月签署了第 11302 号法案,即《营商便利法案和政府高效办公法案》。这一法案特别提及要设立一个中央商业门户来处理与商业交易相关的申请,创建一个菲律宾商业数据库来存储所有注册公司的信息,以及在各地开设自动化一站式商业商店。这些措施有望提高本土企业在全球层面的竞争力,同时鼓励开展无缝跨境贸易,这是"一带一路"倡议的主要合作领域之一。

---

① "Repaving the Silk Road", PwC, June, 2017, http://www.pwc.com/ee/et/publications/pub/pwc – gmc – repaving – the – ancient – silk – routes – web – full.pdf,登录时间:2019 年 5 月 7 日。

在项目周期层面，通过透明、有竞争力的采购流程，在启动和规划阶段开展完善的环境影响评价，从而实现"一带一路"建设的可持续性。合适的公司可以参与其中，在经济和环境方面提出最合理的建议。2003 年《菲律宾政府采购法》（RA9184）强调透明、竞争、协调一致的规则和条例、问责制和制衡的原则，可以为其他感兴趣的政府提供参考案例。根据要求，企业要在菲律宾政府电子采购系统（PhilGEPS）上注册并投标，该系统得到公民社会组织（CSOs）的监督。公开招标被视为默认的采购模式，违反此规定的人将被追究刑事和民事责任。①

为了鼓励环境保护，第 1151 号总统法令在 1977 年获得通过。自那时起，菲律宾政府开始对具有重大环境影响的活动做出环境影响报告。1978 年，菲律宾通过了第 1586 号总统法令，菲律宾环境影响报告系统（EISS）正式建立，"在未事先获得环境合规证书（ECC）的情况下，任何个人、合伙企业或公司都不得从事或运作任何环境关键项目（ECP），或在环境关键区域（ECA）开展项目"。在几十年的时间里，这些法律经过了调整，但仍然是有关基础设施发展管理制度的重要组成部分。

然后，实施单位可结合利益相关者参与和地方社区参与的原则，提高项目执行的成功率。参与"一带一路"项目的私营部门和地方政府能获得经济和社会效益，如创造就业、创造收入和提高社会凝聚力。菲律宾公私合营中心一直在帮助全国范围内的地方政府起草可以由私营部门承担的社区项目商业案例。② 这一举措有助于提高双方实施社区项目的能力。

有效执行项目的另一重要因素是有能力的社区的参与。Kapit - Bisig Laban sa Kahirapan 综合和综合交付社会服务（Kalahi - CIDSS）是一个持续实现其目标的示范项目。它以社区驱动的开发（CDD）方法为基础，使目标城市的社区能够管理并设计、执行和监督减贫活动。2013 年，为了帮助经历了台风"海燕"的社区进行灾后重建，Kalahi - CIDSS 项目也进行了

---

① Adoracion M. Navarro and Juan Alfonso O. Tanghal, "The promises and pains in procurement reforms in the philippines", PIDS Discussion Paper Series No. 2017 - 16, April, 2017, https：// pidswebs. pids. gov. ph/CDN/PUBLICATIONS/pidsdps1716. pdf，登录时间：2019 年 4 月 28 日。

② Czeriza Valencia, "LGUs urged to build cases for PPP project proposals", *The Philippine Star*, April 17, 2019, https：//ppp. gov. ph/in_ the_ news/lgus - urged - to - build - cases - for - ppp - project - proposals/，登录时间：2019 年 4 月 28 日。

调整。① 显然，本地社区的参与可以为可持续性成为"一带一路"项目主流做出重大贡献。

最后，在项目实施和控制阶段，可通过如公民社会组织和非政府组织等第三方的参与，来确保对项目进行有效和公正的监督。一个典型的例子是菲律宾名为"Bantay Lansangan"的马路观察计划，该计划旨在监督该国公共工程和高速公路部（DPWH）是否履行了职责，向本国公民提供了良好的道路基础设施和服务。该计划于 2007 年推出，只持续了 30 个月，但成功地在政府机构、私营部门、非政府组织和公民社会组织以及发展伙伴之间建立了伙伴关系，确保有效地向公民提供公共服务。

鉴于上述原则可被融入"一带一路"倡议，实现可持续发展，我们有必要强调，实施"开放、清洁、绿色"的"一带一路"项目是中国和参与国的共同责任。因此，双方领导人和代表必须践行如透明、参与和问责制等善政廉政理念，以有效地处理和回应其民众的利益和关切。

五、寻找共同点来实现"一带一路"的合法性？

上述章节表明，中国开始在"一带一路"进程和项目中采用国际标准和最佳实践，这可以被视为是对与"一带一路"倡议公信力和合法性直接或间接相关的批评和问题做出的回应。需要强调的是，在很大程度上，"一带一路"迈向可持续发展的步伐能否取得成功取决于参与国对改革方案的接受程度。

此外，"一带一路"倡议相关机构与亚洲开发银行和世界银行等已经成立的多边开发银行之间的关系正在升温，这一有趣的发展值得关注。这种情况会使双方的合作更加密切吗？这种伙伴关系会朝什么方向发展？更重要的是，与符合更广阔环境下的制度规定和标准相比，来自不同群体和"同行"的压力将如何影响"一带一路"倡议？

新制度主义的研究可能对解决这些问题发挥作用。尤其是，这一理论的核心要义是，制度深深植根于社会和政治环境中，它们的结构和实践要

---

① Department of Social Welfare and Development, "2014, a year of accomplishments for Kalahi - CIDSS, development partners", March 12, 2015, https: //www. dswd. gov. ph/2014 - a - year - of - accomplishments - for - kalahi - cidss - development - partners/，登录时间：2019 年 4 月 29 日。

么是真实写照，要么是对更大环境中的规范、信仰和理性神话的回应。来自组织内部的同伴压力促使机构遵循标准，这增加了其生存的机会并最终建立合法性。① 组织之间的相似性，或称为同构性最终形成。由此，参与国为"一带一路"倡议提供了合法性。

最后，"一带一路"沿线国家认识到，中国在亚洲和其他地区日益增长的实力和影响力使其承担了相应的责任和风险。在这方面，"一带一路"倡议可以作为检验中国在引领全球经济持续增长方面发挥领导作用的试金石。这项任务还将因为美国在该地区和亚洲更深层次的区域一体化中的经济存在和影响力等更重要的因素而变得更为艰巨。

Mainstreaming Sustainable Principles into BRI Projects: Notes from the Philippine Experience

Jovito Jose P. Katigbak

Abstract President Xi Jinping signified the need to align BRI operations in congruence with the principles of "openness, greenness, and cleanliness" at the 2nd "Belt and Road" Forum for International Cooperation as a response to calls for reforms by participating countries and observers due to reports and allegations of corruption, debt trap diplomacy, low absorptive capacity of recipient countries, and failed implementation of projects. Accordingly, the Joint Communique of the Leaders' Roundtable of the 2nd "Belt and Road" Forum for International Cooperation demands for the construction of "high – quality, reliable, resilient and sustainable infrastructure" that is "viable, affordable, accessible, inclusive and broadly beneficial over its entire life – cycle". Given the shift towards a more sustainable BRI, this paper hence outlines key policy considerations and options for the participating countries, which were primarily borne out from the Philippine experience. Specifically, BRI countries may consider to mainstream

---

① Mark C. Suchman, "Managing legitimacy: Strategic and institutional approaches", *Academy of Management Review*, Vol. 20, 1995, pp. 571 – 610.

sustainability – related principles into two levels: (i) partnership; and (ii) project cycle. At the partnership level, governments must ensure policy stability as well as the provision of an enabling environment. At the project cycle level, nations may advance transparent and competitive procurement processes and sound Environmental Impact Assessments (EIAs), complemented with stakeholder participation and involvement of local communities. Further, third – party actors such as CSOs and non – government organizations may be tapped to ensure the safeguarding of effective, impartial monitoring of projects. This paper concludes that the BRI may serve as a litmus test for China in taking a leadership role in steering the global economy towards sustained growth, which is compounded by larger factors at play, namely, U. S. ' economic presence and visibility in the region and Asia's march toward greater regional integration. The role of unequivocal partners is therefore paramount in this ambitious and oftentimes taxing undertaking.

Key Words　Sustainable Development; Philippines; China; "Belt and Road" Initiative

Author　Jovito Jose P. Katigbak, Foreign Service Institute of the Philippines, Foreign Affairs Research Specialist.

"一带一路"倡议下的国际陆海贸易新通道建设

堤达·昂（著）　韦锦泽（译）[*]

【摘要】"一带一路"倡议是中国政府在基础设施建设和投资方面采取的一项全球发展倡议，覆盖了位于亚洲、欧洲、非洲、中东和美洲的152个国家和国际组织。"一带"即"丝绸之路经济带"，指陆路和铁路运输路线；"一路"即"21世纪海上丝绸之路"，属于海上路线。此外，中国还重点建设国际陆海贸易新通道。该通道贯穿全球71个国家和地区的155个港口，将丝绸之路经济带更好地连接起来。国际陆海贸易新通道是中国西部省份与东盟国家在中新（重庆）战略性互联互通示范项目倡议框架下共同建设的贸易物流通道。因此，国际陆海贸易新通道将利用包括铁路、公路、水路和航空路线在内的各种运输方式，到达世界上更多的地区。本文论述了中国与国际陆海贸易新通道沿线国家之间存在的法律问题，并就解决中国与国际陆海贸易新通道成员国之间的问题提出建议。

【关键词】"一带一路"倡议；国际陆海贸易新通道；经贸合作；铁路海路；争端解决

【作者简介】堤达·昂（Thida Aung），曼德勒大学法律系，教授、博士。

＊　韦锦泽，广西民族大学外国语学院，教师。

一、"一带一路"建设进展与评价

　　根据中国官方文件，"一带一路"倡议包括六大经济走廊，覆盖整个欧亚大陆。根据一项针对 173 个基础设施所做的统计分析，中国虽然可能会为这些经济走廊投资，但是中国的资金同样有可能会从中撤出。虽然"一带一路"倡议实际上的协调性低于中国政府的预期，但是也无须像一些批评人士那样担心。

　　研究"一带一路"倡议的实施情况，最普遍的做法是在相对较高的水平上审视"一带一路"倡议，评估中国官方的声明和文件，关注"一带一路"倡议如何服务于中国宏观上的经济外交政策目标。此外，还有规模稍小的团队采取更细致的方法，即评估单个项目的驱动因素和影响。除了少数例外，这些研究缺乏适当的分析，没能将实际发展与宏观经济战略考量联系起来，因此无法就"一带一路"倡议是否实现其目标达成共识。

　　自 2013 年以来，中国已经与"一带一路"倡议沿线及周边数十个国家和组织签订合作协议，并为相关基础设施项目提供支持，帮助其融资和启动。2017 年 5 月，中国国家主席习近平在详细阐述"一带一路"倡议时表示，这一计划旨在建立跨区域的国际贸易物流网络。在该网络内，陆路、海路、航空以及数码互联互通，由共同的政策、规定和标准管理。

　　如今，一个多维的基础设施网络正在成形。这一网络由以下经济走廊连接而成：①中国—巴基斯坦经济走廊；②中国—蒙古—俄罗斯经济走廊和新亚欧大陆桥；③中国—新加坡国际陆海贸易新通道；④中国—中亚—西亚经济走廊；⑤新亚欧大陆桥经济走廊；⑥孟加拉—中国—印度—缅甸经济走廊。这些走廊以陆海空运输路线和信息高速公路为特色，并得到主要铁路、港口、管道工程等配套设施的支持。

　　作为"一带一路"倡议的灵感来源，丝绸之路从公元前 130 年左右开通以来一直使用到 15 世纪，当时，奥斯曼帝国切断了国际贸易的陆上路线。从那时起，海上贸易的重要性开始上升。在这期间，纸张、瓷器和火药等创新产品，连同丝绸一起，都被带到西方。这些庞大的网络不只用于运输商货和珍贵物品。

　　联合国教科文组织（UNESCO）指出，人口的不断流动和混合也促进了知识、思想、文化和信仰的传播，对欧亚各国人民的历史和文明产生了深远的影响。

2017 年 5 月习近平主席在"一带一路"国际合作高峰论坛开幕式上表示，中国自 2013 年起已经迈出了"坚实的步伐"，包括以下内容：①包括俄罗斯总统普京在内的 100 多个国家代表出席论坛；②在 20 多个国家设了 56 个经济合作区；③2014～2016 年，中国与其他"一带一路"国家的国际贸易总额超过 3 万亿美元；④中国在"一带一路"沿线国家的投资超过 500 亿美元；⑤成立于 2016 年的，由中国和 56 个其他国家组成的亚洲基础设施投资银行为 9 个"一带一路"项目提供了 17 亿美元的贷款。

国际合作高峰论坛本身也使"一带一路"倡议的发展势头更为强劲，政府间达成不少协议，包括颁布一份阐明"一带一路"倡议目标、原则和合作举措的联合公报。基础设施项目可能主要由中国公司提供。根据澳大利亚洛伊国际政策研究所（Lowy Institute for International Policy）的一份报告，鉴于中国政府有能力为项目融资，并对贷款接受方施加影响，中国制造的如高铁、发电设备和电信设备等高端工业产品可能会得到广泛使用。"一带一路"倡议在进出口贸易方面前景广阔，但仍有若干重大障碍亟待清除。因而，当今的国际贸易路线也有很大的改进空间。

本文对"一带一路"倡议中的经济走廊就两个方面进行"简单"的测试。第一，如果中国官员将经济走廊定义为走廊所经国家内特定的地理区域，那么并非这些国家境内的所有项目都属于经济走廊的一部分，只有特定区域内的项目才被视为经济走廊项目。本文不作这样的区分，而是假设只要经济走廊经过一个国家，那么这个国家境内所有的项目都属于走廊的一部分。第二，尽管非洲和拉丁美洲国家都有中国资助的基础设施项目，但是本文分析的地理范围仅限于欧亚超大陆上的国家。于是，将这两个地区排除在外后，非经济走廊国家的相对融资额就会减少。斯里兰卡、印度尼西亚和其他海洋国家也因为这一点未被包括进来。这些决定使得纳入分析的中国项目能更加集中在经济走廊之内。

二、国际陆海贸易新通道为沿线国家充分发挥
各自优势提供更好的机遇

新加坡总理李显龙最近签订了一项自由贸易协定升级议定书，表明中国和新加坡为全方位合作伙伴关系。中国总理李克强表示，新加坡在中国

的经济发展中发挥了"独特的作用"。中国实现现代化还有很长的道路要走，中国将继续推进改革开放。中国政府发表声明说，新加坡深入地参与了中国的改革开放进程，是中国的友好邻邦和重要伙伴。因此，作为彼此重要的贸易和投资伙伴，两国相互信任，合作成果丰硕。中新陆海贸易通道已经连接了全球 71 个国家和地区的 155 个港口，将"丝绸之路经济带"和"21 世纪海上丝绸之路"更好地连接在一起。

2017 年，中国和新加坡启动了"中新南向通道"。2018 年 11 月，"中新南向通道"更名为"国际陆海贸易新通道"，这是中国西部省份与东盟国家在中新（重庆）战略性互联互通示范项目框架下共同建设的贸易物流通道。该通道以重庆为交通枢纽，利用广西北部湾的港口连接新加坡以及东盟其他国家的港口。通道还连接从中国多个西部城市开往中亚、南亚和欧洲的中欧货运列车。

国际陆海通道优势明显，具有铁路、公路、水路和航空等多种运输方式，交通运输能抵达世界上更多地区。这条通道连接中欧班列和长江航道，有效接通"丝绸之路经济带"和"21 世纪海上丝绸之路"。自从 2017 年 9 月更为快捷的海铁联运服务开通以来，截至 2018 年底，贯穿该通道的货运列车已行驶了 805 趟。在此之前，海运物流路线耗时更长、成本更高曾是阻碍中国西部地区发展的瓶颈之一。

三、国际陆海贸易新通道为建设跨境经贸合作区、升级对外开放政策提供机遇

中新两国修改了 2009 年签订的《中国—新加坡自由贸易协定》，该协定减免了两国之间几乎所有的关税。新加坡已成为中国最强大的贸易伙伴，中新双边贸易总额达到 1370 亿美元，新加坡同时也是中国最大的外资来源国。

中新两国签署的谅解备忘录中有一个是关于共同开发国际陆海贸易新通道的协议，这是原先的中新南向通道的升级版。国际陆海贸易新通道可以通过铁路连接中国内陆地区与东南亚航道。在更大的协议框架下，新加坡航运和船舶管理公司将可以在天津、上海、福建和广东等中国主要港口城市附近的自由贸易区成立外资占主导的控股公司。此外，上海自贸区内的新加坡建筑公司将能与中国同行展开合作，实施联合建筑项目。

"一带一路"是一个区域间政府倡议，旨在促进自由贸易，发展中新贸易和双边关系是"一带一路"倡议的一个组成部分，中国对此非常重视。

四、东盟商品通过铁路—海路打开中国市场

中国和新加坡达成多项交易，其中包括一项自由贸易协定升级议定，该协定将允许新加坡公司通过企业优惠待遇获得更大的市场准入，从而降低一些石化产品的出口关税，并在法律、海事和建筑服务等领域放宽新加坡对中国的准入。

投资保护、通关程序和贸易补救措施也将得到改善，同时将开拓新的合作领域，包括电子商务和环境保护。中新两国领导人还共同签署了南向通道的第一份谅解备忘录。该项目旨在通过铁路和海路连接中国西部和东南亚，更名后的"国际陆海贸易新通道"则更好地体现了双向贸易特点。

中新两国将在金融服务、运输物流和信息通信技术等多个现代服务领域开展合作。这些都是两国第三个政府间项目——重庆互联互通倡议中优先发展的领域。

国际陆海贸易新通道是中国西部省区与新加坡在中新（重庆）战略性互联互通示范倡议框架下共同建设的贸易物流通道。重庆是这条通道的运营中心。货物通过陆路运至广西壮族自治区的北部湾，再转由海路运输。这条通道为中国西部各省区提供了另一种选择，让运输货物不必非得通过东海岸。以重庆为交通枢纽，国际陆海贸易新通道经由广西北部湾港口连接新加坡和东盟其他国家的港口；从中国西部城市开往中亚、南亚和欧洲的中欧货运列车也要经过重庆。陆海通道利用铁路、公路、水路和航空等多种运输方式，将中国西部在交通上与世界各地相连。

继重庆、广西、贵州、甘肃、青海、新疆、云南、宁夏之后，古代丝绸之路的起点陕西成为第九个签约进入国际陆海贸易新通道的省份。通道框架内的各省、市、自治区将完善物流基础设施，增进商贸关系和信息交流，促进中新（重庆）战略性互联互通示范项目管理局在决策方面进行创新。截至2018年3月底，国际铁海联运班列开行901班，覆盖71个国家和地区的166个港口。

五、广西通过新颁布的《外商投资法》
主动促进全球产业投资

2019年3月15日,《中华人民共和国外商投资法》正式施行,表明了中国扩大对外开放的决心。3月28日,广西壮族自治区投资促进局召开新闻发布会,介绍了2019年区内重大产业投资促进工作,积极主动邀请全球各地的企业家前来投资。

广西位于中国的岭南地区,是中国西部地区唯一一个拥有海上通道的省份,当前人口5600多万。广西具有明显的对外开放优势,为粤港澳大湾区提供原材料、农产品和劳动力,承接其产业转移,重要性突出。广西还是中国—东盟博览会的永久举办地,是"一带一路"有机衔接的重要门户。

2018年,广西启动《全区优化营商环境大行动三年实施方案(2018~2020年)》,旨在提升法制化、国际化和便利化水平。2019年,广西开展深化产业大招商攻坚突破年活动,围绕"强龙头、补链条、聚集群"要求,集中发展大健康、大数据、大物流、新制造、新材料和新能源等重点产业,加强实施全球投资促进计划。

广西重点招商的项目包括:在大健康领域引进安康养老、健康旅游、休闲体育、文化娱乐、动漫、健康食品、富硒农业、生物医药等产业项目;引进扶植大数据、云计算、区块链、物联网、语音图像识别等应用技术和新兴服务业态项目;引进智能终端、可穿戴式柔性显示屏、量子通信等下一代产业项目;引进海港、河港、道路港、铁路港、空港、信息港等物流园区项目和基础设施建设项目,第三方物流、冷链、电子商务、智能物流技术等产业项目;在新制造领域引进机器人、3D打印、无人机、智能汽车、航天装备、航海装备、先进快速交通装备、科技服务、文化创意等产业项目;引进新能源汽车整车以及电池、电机等关键零部件、高效太阳能、海洋能源、生物质能技术及应用、节能技术、环保技术、资源循环利用技术等产业项目。

2019年,广西商务口径实际利用外资力争完成7.5亿美元的目标,实现50%的增长。广西为此一直致力于优化营商环境,争取6月底前让企业开办、工程建设项目报建、不动产登记等7个营商环境重点指标达到全国一流水平。同时，广西还将与重庆、四川等西部省市合作，切实推进国际陆海贸易新通道建设，在全球范围内吸引投资与合作。广西壮族自治区投资促进局提出，广西应该发挥专业机构在新兴产业投资促进方面的优势，开展专业而精准的投资促进活动，建立全球投资促进网络。

六、国际陆海贸易新通道为建立政府间多层次的沟通交流机制提供机遇

虽然时机成熟、存在区位优势，国家之间有着融洽的民间交往，但制约因素仍然存在。为了建立信息交流、相互认可、相互监管、海关合作的便捷通关机制，推进互联网检疫核查，开展"授权经济运营商"（AEO）互认，亟待对政府间多层次的交往与沟通机制进行改革。

第一，要实施创新合作机制，吸引投资项目，创造更多就业机会。增加税收，改善公共服务设施。第二，要从各国家利益出发，在倾听、判断和研究问题时能相互体谅理解；根据国情差异，促进各国发展，深化国家间合作；遵守市场原则，合力发展；同时通过相关措施营造良好的营商环境。第三，立足于政策沟通、设施对接、贸易融资和民间支持沟通等合作点，采取实际行动，推动经贸、科技和社会科学等领域的合作。

七、国际陆海贸易新通道为智库联盟合作和公共外交发展提供机遇

各国智库肩负着促进国家发展战略的使命，承担着开展公共外交、增强国家软实力的责任，并在贯彻"文明互鉴、思想交流、政策沟通"的方针方面发挥着主导作用。

目前智库面临诸多挑战，各国需要在促进精英合作、建立共识、扩大交流、加强务实合作等方面进行广泛沟通，从而有效激励国家发展战略和经济、社会文化建设。一是加强各国智库之间的人员交流。先通过各国相关政策法规，充分了解彼此的政治意图和深层次问题，再提出建设性意见和建议，供决策参考。二是借助媒体与智库精英和公众进行深入交流沟通，或者通过跨国问题政策研究、国际合作、国际会议和论坛讨论等方式开展相关活动，使每个国家的公众都能充分了解各自的需求，营造积极的

印象。三是通过各种渠道、以不同形式、在多种情况下加强国家智库与更多国家进行交流沟通，包括文化、贸易、规则和情感方面的对接；增强本国的文化吸引力和政治影响力；寻求国际社会，特别是民间社会对本国的理解和支持。

八、"一带一路"建设在缅甸的进展

2015 年 12 月 30 日，由中信集团牵头组建的跨国企业集团联合体中标皎漂特别经济区深水港和工业园项目，可以根据国际规范建设皎漂深海港口项目。建立皎漂特别经济区旨在创造条件发展若开邦的经济，为当地居民创造就业机会，为运输和生产发展提供支持。

预计将投入数十亿美元在缅甸孟加拉湾沿岸的战略城镇皎漂建设深水港，这是继斯里兰卡和巴基斯坦之后，中国在印度邻近地区的第三个项目。由于融资等问题，中缅双方谈判停滞了多年，2018 年 11 月 8 日终于签署了皎漂深水港项目框架协议。

2018 年 11 月 8 日，中信集团牵头组建的跨国企业集团联合体与皎漂经济特区管理委员会签署了缅甸皎漂经济特区深水港项目建设的框架协议，仪式在缅甸首都内比都举行。根据框架协议，中国将提供该项目的70% 投资，缅甸则投入其余的 30%。项目初期暂定两个泊位，总投资约 13亿美元。该项目框架协定的签署甚至对于中国"一带一路"倡议的继续实施来说都意义重大。随着更多类似皎漂深水港项目的达成，"一带一路"倡议受到了越来越多的关注。

深水港的建设和运营将由一家新成立的合资企业负责。自 2015 年以来，皎漂深水港项目一直处于停顿状态。

中国的企业集团联合体于 2015 年 12 月首次中标建设该港口，预计投资 70 亿美元，但由于双方在项目融资细节问题上存在分歧，实施工作一度中断。皎漂深水港项目是缅甸领导人昂山素季从长期统治缅甸的军政府手中接过国家治理职责后中国在缅甸获得的最大项目。漫长的谈判时间引发了对"一带一路"倡议的批评，因为这有可能使缅甸债务增加，甚至威胁到其他国家的主权。

预计皎漂项目将为当地社区带来 10 万个就业机会，并将为缅甸贡献高达 150 亿美元的税收。

结　语

一家大型全球银行称，国际陆海贸易新通道也会为非中国企业带来机会。该银行列出跨国重型机械制造商可能会得到的潜在合同作为例子。而观察家们援引马来西亚数字自由贸易区的例子说明，随着国际贸易通道以数字形式和实体形式进一步扩展，连中小企业都会从中受益。

国际陆海贸易新通道是中国西部省份与东盟国家在中新（重庆）战略性互联互通示范项目倡议框架下共同建设的国际贸易物流通道。沿线国家之间即使发生争议，也将通过和平手段解决。

Construction of the New International Land – Sea Trade Corridor under "the Belt and Road" Initiative

Thida Aung

Abstract　"The Belt and Road" Initiative (BRI) is a global development initiative adopted by the Chinese government involving infrastructure development and investments. It covers 152 countries and international organizations in Asia, Europe, Africa, the Middle East, and the Americas. "Belt" refers to the overland routes for road and rail transportation, called "the Silk Road Economic Belt"; whereas "road" refers to the sea routes, or "the 21st Century Maritime Silk Road". Moreover, it has linked 155 ports in 71 countries and regions worldwide, better connecting the Silk Road Economic Belt. The New International Land – Sea Trade Corridor is a trade and logistics passage jointly built by western Chinese provinces and ASEAN countries under the framework of the China – Singapore (Chongqing) Demonstration Initiative on Strategic Connectivity. Therefore, it will take advantages of various transport options including railways, highways, water and air routes. This land – sea corridor enables access to more regions across the world. This paper addresses that what the legal problems of between China and states involving in the construction of the New International

Land – Sea Trade Corridor are and how to solve the problems among them.

Key Words　"Belt and Road" Initiative; International Land – Sea; New International Land – Sea Trade Corridor; Economic Trade Cooperation; Rail – Sea Routes; Settlement of Dispute

Author　Thida Aung, Department of Law at University of Mandalay, Professor and Ph. D.

区域研究

Regional Studies

建设可持续的区域互联互通
——以东南亚铁路项目为例

骆永昆（著）　　王海峰　蓝珊珊（译）*

【摘要】自 2013 年以来，中国与东盟国家在"一带一路"倡议下开展合作，推动了双边关系的发展。到目前为止，许多项目已经完成或正在建设中。在基础设施建设方面，双方都在大力推进铁路、高速公路与水电建设。这些项目的有效推进表明了中国与东盟在"一带一路"倡议下的合作取得了成功。然而，在过去的六年里，一方面，中国与东盟合作遇到了不少的困难和挑战，成为中国与东盟实现可持续互联互通的障碍。这些困难和挑战来自美国、印度、日本等大国的外部干扰以及本地区内相关国家政权更迭、缺乏政治自信和人民之间交流匮乏等内部不确定因素。另一方面，中国与东盟合作也面临一些机遇。中国与第三方国家在东盟国家就开展合作进行探索，这些也能够扩大中国与东盟国家间合作。在此背景下，中国和东盟国家应充分利用机遇，努力克服困难和挑战，促进区域互联互通的可持续发展。基于以上分析，本文提出相关的政策建议。

【关键词】中国与东盟；"一带一路"倡议；基础设施建设；互联互通；可持续性

【作者简介】骆永昆，中国现代国际关系研究院，副研究员、博士。

自 2013 年中国提出"一带一路"倡议和 2015 年"东盟共同体"宣

---

*　王海峰，广西大学国际学院，讲师、博士；蓝珊珊，广西大学国际学院，学生。

布成立以来，互联互通建设已成为中国与东盟合作的重要组成部分。根据《东盟互联互通总体规划2025》（下文简称《总体规划》），东盟互联互通包括实体（如交通、信息通信技术和能源）、制度（如贸易、投资和服务自由化）和人文（如教育、文化和旅游）①。对中国而言，互联互通指的是"五通"——政策沟通、设施联通、贸易畅通、资金融通和民心相通。②

总体而言，中国的"一带一路"倡议与东盟的《总体规划》在互联互通尤其是基础设施建设方面有着共同的利益。自2015年以来，发展的需求已产生了大量的基础设施建设项目。尽管双方重点推进基础设施项目并取得成功，但中国和东盟也面临许多内部以及外部的困难，其中一些困难对区域互联互通合作构成挑战。因此，中国和东盟国家应共同努力，建设可持续的区域互联互通。

一、东南亚地区的互联互通项目

在过去几十年间，中国和东盟国家在东南亚地区共同建设了诸多大型基础设施项目。这些项目包括：桥梁、水电站、铁路、高速公路和海港。截至目前，印度尼西亚泗水—马都拉大桥、昆明至曼谷高速公路等一些项目已经建成。但有些项目仍在建设中，例如马来西亚的马六甲港。为了进一步分析，本文将重点讨论铁路项目。

目前，东南亚地区共有五个重要的铁路项目正在建设中。在泰国，正在建设中泰铁路，这是泰国第一条从曼谷到廊开府的高速铁路。中泰铁路一期工程于2017年12月开工。一期工程为曼谷—呵叻段，全长252公里（157英里），预计将于2021年投入运营。二期工程为呵叻—廊开段，全长355公里（221英里），预计由国际贷款提供85%的资金，并计划在2023

---

① The ASEAN Secretariat, *Master Plan on ASEAN Connectivity* 2025, Jakarta: ASEAN Secretariat, 2016.

② 中华人民共和国国家发改委、外交部、商务部：《推动共建丝绸之路经济带和21世纪海上丝绸之路的愿景与行动》，新华社，2015年3月28日，http://www.xinhuanet.com/world/2015-03/28/c_1114793986.htm，登录时间：2019年4月29日。

年投入运营①。一旦中泰铁路建成，这条全长 607 公里（378 英里）的铁路将与中老铁路连接，把中老泰三国连接起来。

在老挝，正在建设中老铁路。这条全长 414 公里（257 英里）的铁路连接云南省省会昆明和老挝首都万象。中老铁路于 2016 年开始建造，目前大约完成了一半，按计划将在 2021 年 12 月投入运营。中老铁路设计列车最高时速可达 160 公里（100 英里），将两座城市之间的行程从 3 天缩短至 3 小时②。

在印度尼西亚，中国和印度尼西亚正在共同建设从雅加达到万隆的高速铁路（简称"雅万高铁"）。线路全长约 140 公里，途中设立 4 个车站，分别是雅加达哈林站、加拉璜站、瓦利尼站和万隆市区德卡鲁尔站。雅万高铁项目 60% 的股份由印度尼西亚财团持有，40% 的项目由中铁国际经济合作有限公司持有③。待 2021 年线路竣工后，从雅加达到万隆将只需 45 分钟。现在，实际建造进度达到 65.1%，土地征购已达到 81.7%。到 2019 年底，项目将完成 55%。雅万高铁为印度尼西亚人民提供了诸多的便利，单程票价大约为 20 万卢比（合 19 美元）。

在马来西亚，中国和马来西亚正在建设两条重要的铁路。其中一条是从哥打巴鲁到巴生港的东海岸衔接双线铁路（简称"东铁项目"），全长 640 公里，客货共线。该项目于 2017 年 8 月开始建设，但在 2018 年 5 月马哈蒂尔总理上任后遇到了一些困难。现在，两国为东铁项目签署了关于融资的附加协议。根据修订后的协议，东铁项目的建设投资将为 440 亿令吉（合 107 亿美元），接近原成本的 2/3。除了东铁项目，中国目前还在为马来西亚建设另一个重要的铁路项目——南部铁路工程项目。南部铁路项目连接金马士与新山市，耗资 89 亿令吉（合 22 亿美元），预计将于 2021 年

---

① Jitsiree Thongnoi, "China Wants to Fund Thailand's US $12 Billion High – speed Railway? But is the Kingdom on Track for more Debt than it Can Handle?", *South China Morning Post*, April 24, 2019, https：//www. scmp. com/week – asia/geopolitics/article/3007551/china – wants – fund – thailands – us12 – billion – high – speed – railway，登录时间：2019 年 4 月 29 日。

② Xie Yu, "China's US $7 Billion Railway Link to Laos is Almost Half Done, on Schedule to Begin Service in 2021", *South China Morning Post*, March 21, 2019, https：//www. scmp. com/business/banking – finance/article/3002518/chinas – us7 – billion – railway – link – laos – almost – half – done，登录时间：2019 年 4 月 29 日。

③ "Groundbreaking of High Speed Rail Project Jakarta – Bandung", *Wika. co*, January 21, 2016, http：//www. wika. co. id/detailpost/groundbreaking – of – high – speed – rail – project – jakarta – bandung，登录时间：2019 年 4 月 29 日。

10月完工。南部铁路项目由中国铁建、中国中铁和中国交建三家企业共同承建。截至 2018 年 7 月，这条全长 197 公里的铁路项目已经完成了 20% [①]。

二、可持续发展的机遇与挑战

毋庸置疑，上述铁路项目受到东南亚国家的欢迎和支持，因为它们将为当地人民带来经济和社会效益。但是，这些项目有时也会受到地方政府、当地居民或一些非政府组织的批评，因为他们担心铁路项目会对环境、就业等方面造成负面影响。在可持续性方面，这些铁路项目确实遇到了一些挑战。

首先，国际和地区的地缘政治或地缘经济环境不利于这些铁路项目的可持续发展。从国际上讲，中国和美国的关系一直很紧张，世界上不少国家对中美关系的不稳定性感到担忧。中国及其合作伙伴对基础设施建设项目的不确定变化也感到忧虑。比如，美方是否会干扰中国"一带一路"倡议或具体项目？目前，从区域上来看，越来越多的国家参与到东南亚地区事务中来。日本、印度、俄罗斯、澳大利亚，甚至一些欧盟国家都非常热衷于在东盟国家投资。这些国家在东南亚地区的参与将不可避免地带来更多的竞争。以印度尼西亚为例，日本和中国对修建从雅加达到万隆的高铁都非常感兴趣，这导致了两国之间激烈的竞争。印度尼西亚不得不调整该项目。最终，中国获得了从雅加达到万隆的铁路项目，而日本获得了从雅加达到泗水的铁路项目。

即使面对这些挑战，我们必须承认国际和地区环境正在一定程度上得到改善。中国和东盟国家可以找到一些前进的机会。一方面，中美双方继续就贸易问题进行讨论和协商。至少，中国将努力维护双赢的中美关系。另一方面，中国与地区国家为共同发展和繁荣、营造和平稳定的环境付出了艰辛努力。目前，中国已与日本、印度就在第三方国家开展合作进行了讨论。这是同区域内大国增强合作、扩大共同利益的一种卓有成效的方

---

① "Malaysia's Southern Double – tracking Railway Project to Be Completed in 2021：Transport minister"，Xinhuanet，July30，2018，http：//www.xinhuanet.com/english/2018 – 07/30/c _ 137357911. htm，登录时间：2019 年 4 月 29 日。

式。这意味着中国与日本或印度将在东南亚找到可合作而非竞争的利益。这对中国和东盟国家建设可持续的区域互联互通具有重要意义。

其次，虽然中国与东盟国家在过去几十年里不断增强对彼此的信任，但要推动"一带一路"倡议下的铁路可持续建设需要更多的信任和信心。总的来说，自1991年以来，中国与东盟的关系处于积极乐观的国际和地区氛围之中。尽管我们面临着一些摩擦，但我们的合作还是取得了巨大的成功。中国与东盟或东南亚国家的政治互信有了很大的改善。2003年，中国与东盟建立战略伙伴关系。2008年以来，中国与越南、老挝、柬埔寨、缅甸、泰国、印度尼西亚以及马来西亚建立全面战略伙伴关系。但随着中国与东盟共同体的快速发展，特别是中国在2013年提出"一带一路"倡议后，中国与东盟正面临着新的问题，这表明互信需要进一步加强。否则，缺乏信任和信心将干扰中国和东盟在如铁路项目等大型基础设施上所进行的合作。

不过，在过去的两年里，随着与中国关系的发展，情况有所改善。2019年4月，东盟各国领导人来华出席第二届"一带一路"国际合作高峰论坛。印度尼西亚总统佐科·维多多等东盟国家领导人迫切希望加强与中国的经济合作。事实上，大多数东盟国家和印度尼西亚有着相似的看法。也就是说，自2016年以来，"一带一路"倡议已经惠及该地区越来越多的国家和人民。与此同时，中国与东南亚国家共同努力，启动《南海行为准则》谈判，并与马来西亚、泰国等东盟国家举行军事演习，加强在南海的合作。中国和东盟国家正在提高应对南海风险的能力。这是中国和东盟增进相互了解、建设可持续区域互联互通的机遇。

再次，东南亚国家国内政治的变化可能会阻碍可持续的互联互通建设。国内政治稳定对一国政府政策的可持续性非常重要。如果新当选的总统或总理由于权力斗争而改变前政府的政策，那么该国与其合作伙伴的合作计划将会产生巨大的变化。一方面，这可能会对合作项目造成威胁。近年来，随着登盛当选缅甸总统及马哈蒂尔当选马来西亚总理，两国对中国经济合作项目的态度发生了变化，导致缅甸密松水电站项目与马来西亚的东铁项目和两项油气管道计划被中止或取消。虽然一些项目在中国与相关政府的讨论或谈判后得以恢复，但这些项目的中止或取消确实对基础设施项目的可持续建设产生了负面影响。另一方面，政府的更迭可能会促进中国与一些国家的合作。例如，在阿基诺三世领导下的菲律宾政府拒绝与中国开展与"一带一路"倡议相关的合作。但杜特尔特上台后，菲律宾选择与中国在基础设施建设、互联互通等多个领域开展合作。两国签署了十多项合作协议，并同意将中国的"一带一路"倡议与菲律宾的"大建特建"计划结合起来。"大建特建"计划涉及许多基础设施项目，如海港、机场、公路及铁路等。缅甸、马来西亚和菲律宾的案例表明，政治形势的变化是影响可持续合作的重要原因。如果没有一以贯之的政策，互联互通项目很可能会中止。

但是，与中东等其他地区相比，东南亚政治形势大体上趋于稳定。即便一些国家出现政府更迭，新政府也对中国采取积极态度。在缅甸和马来西亚的案例中，虽然一些项目被叫停，但缅甸和马来西亚政府仍然将中国视为合作伙伴，而非敌人或对手。马哈蒂尔再次执掌马来西亚之后，他多次重申"一带一路"倡议的构想是伟大的。马来西亚全力支持"一带一路"倡议并相信"一带一路"项目带来的出行和交流便利将惠及各方[①]。随着本地区"一带一路"倡议下的成功项目越来越多，东南亚国家开始感受到"一带一路"倡议带来的益处，无论谁当选本国总统或总理，东南亚国家都渴望与中国密切合作。这有利于区域互联互通的可持续发展。

最后，东南亚国家非常重视当地社会发展。他们支持大型基础设施项目，在建设基础设施项目的同时，中方企业及有关各方通过提供就业机会、采取措施保护自然环境等方式，尽最大努力改善民生问题。

以铁路项目为例。中老高铁项目需要超过 7000 名当地工人。这些被招募的人大部分是居住在该项目附近的老挝工人。他们正从事挖掘隧道、在湄公河上建造桥梁的工作。数千人已经被招募到各省修建中老铁路，其中大约 2000 人在琅勃拉邦。超过 1000 名老挝工人被招募到琅南塔来修建中老高铁，这些工人每月的工资是 200～800 美元[②]。雅万高铁项目预计将为当地工人提供多达 39000 个工作岗位。到 2018 年中，它为当地人提供了超过 2000 个就业机会。[③] 然而，中国的努力还不能满足东盟国家的需求。印度尼西

① "Dr Mahathir given honour to present speech, pledges full support for BRI", *New Straits Times*, April 26, 2019, https：//www. nst. com. my/news/nation/2019/04/483090/dr - mahathir - given - honour - present - speech - pledges - full - support - bri，登录时间：2019 年 4 月 29 日。

② "Lao - China High - Speed Railway", *Globalsecurity. org*, https：//www. globalsecurity. org/military/world/laos/hsr. htm，登录时间：2019 年 4 月 29 日。

③ 《雅万高铁项目建设进入全面实施推进新阶段》，新华网，2018 年 6 月 29 日，http：//www. xinhuanet. com/fortune/2018 -06/29/c_ 1123057562. htm，登录时间：2019 年 4 月 29 日。

亚、泰国、马来西亚等国一直要求中国增加就业机会、改善社会福利。

近年来，中国政府十分重视提高"一带一路"沿线项目的质量，以促进"一带一路"倡议的可持续发展。中国国家主席习近平在第二届"一带一路"国际合作高峰论坛上宣布了中国持续建设"一带一路"倡议的决心。据习近平主席的讲话，未来几年，"一带一路"合作应聚焦优先项目和项目落实，推进以成果为导向的务实合作。合作要秉持共商共建共享原则，坚持开放、绿色、廉洁理念，启动绿色基础设施项目，开展绿色投资，提供绿色融资，共同保护地球。"一带一路"倡议下的一切合作将在阳光下运作，对腐败零容忍。同时，合作要实现高标准、惠民生、可持续目标。中国将通过加强国际发展合作，为发展中国家提供更多机遇，帮助他们消除贫困，实现可持续发展。习主席的讲话体现了中国将"一带一路"合作提升到更高水平的态度和决心。这是建设可持续区域互联互通的机遇。[1]

三、前进的道路

基于以上分析，虽然区域铁路项目建设目前面临一些难题，但中国和东南亚国家也得到了一些可持续发展的机遇。为了促使这些大型项目实现可持续发展，中国和东盟国家需要创造一个积极的外部环境和稳定的双边关系。为此，笔者强烈建议：

第一，中国和东盟要把民心相通放在首位。中国应启动更多与东南亚地方媒体的合作，在媒体上用当地语言分享"一带一路"倡议和中国外交政策等信息。同时，在社交媒体上也应这么做。

第二，加强两国领导人和有关部门的互访和会晤，增进相互了解和政治互信。政治互信是保证合作可持续发展的关键因素之一。中国和东盟国家领导人和部长要保持经常性互访和会晤，加强政策协调。在合作项目遇到困难时，有关部门或组织应及时进行协商和讨论。在中国—东盟框架下，外交部长、国防部长和经济部长应当定期会晤，就国际和地区形势以

---

① 《共同开创共建"一带一路"的美好未来——中华人民共和国主席习近平在第二届"一带一路"国际合作高峰论坛开幕式上发表主旨演讲》，新华网，2019 年 4 月 26 日，ht-tp：//www.xinhuanet.com/world/2019－04/26/c_ 1210119584.htm，登录时间：2019 年 4 月 29 日。

及正在实施的"一带一路"倡议交换意见，确保政策协调顺利进行。与此同时，由于一些地方政府在推进"一带一路"合作中发挥着关键作用，中国应该更加重视与东南亚地方政府的会晤和联系。

第三，加强工作层面的合作极为重要。项目主管部门、机构或合资企业必须坐下来，共同认真地商讨如何实施相关合作项目。为了了解双方的需求，特别是当地社会需求，双方都需要通过亲自做一些调查来建立一个全面的计划。要围绕就业、环境、民生等重大问题展开讨论。只有在各工作部门经过充分的讨论和调研后，项目才能启动。

第四，中国和东盟要进一步加强关系，维护以东盟为中心的区域机制。当我们谈到区域合作时，东盟的中心地位是至关重要的。对中国和东盟，我们既要在"一带一路"倡议框架下开展双边合作，也要同东盟开展合作。未来几十年，要着力推进"一带一路"倡议与"东盟经济共同体"对接。澜沧江—湄公河合作、东盟东部增长区、国际陆海贸易新通道必须在初期就有成效。我们要成立专门小组，推进相关合作。

第五，中国企业应加深对东南亚形势的了解，努力使合作项目进一步惠及当地人民。企业要增强优质服务意识，切实承担社会责任，经常联系当地群众，了解群众需求和反映群众利益。与此同时，这些公司还应该与当地的非政府组织和媒体密切合作。企业需要为员工和干部提供越来越多的与东南亚的历史、宗教、文化、民族、法律等相关的培训和教育项目。

第六，中国应该努力与日本、印度、美国、澳大利亚或俄罗斯等地区大国合作，共同投资东南亚。目前，中日印三国领导人同意开展第三方合作。2018 年，中日举办首届"中日第三方市场合作论坛"。两国同意建立一个合作新模板，共同推动第三方国家基础设施项目建设，加强从金融到创新的广泛合作①。中印两国正在探索与第三方开展更大范围合作的途径。对于中印两国来说，在中南半岛，特别是在缅甸和湄公河流域，开展第三方合作是不可或缺的。事实上，除了日本和印度，中国和美国、俄罗斯或澳大利亚之间应该进行越来越多的第三方合作，以扩大大国的共同利益，

---

① "Japan Pledges to Back BRI Project, Promote Economic Cooperation with China", *Business - standard.com*, October 26, 2018, https：//www. business - standard. com/article/internation-al/japan - pledges - to - back - bri - project - promote - economic - cooperation - with - china - 118102601194_ 1. html，登录时间：2019 年 4 月 29 日。

避免不必要的冲突。这是区域互联互通项目可持续发展的保障。

结　语

"一带一路"倡议实施以来，中国与东南亚国家关系取得巨大成功，尤其是双方在区域基础设施和互联互通建设方面的合作。当前，可持续发展是中国和东南亚国家在区域互联互通项目建设中面临的重要问题。双方都面临机遇和挑战，但机遇大于挑战。对中国而言，推进可持续互联互通的关键是进一步增进与东南亚国家之间对彼此的了解和信任，加强民心相通，使区域互联互通项目造福当地人民。中国企业必须进一步履行社会责任，建设高质量项目，与当地社区积极互动。中国应进一步加强与地区大国的合作，避免恶性竞争，共同推进区域合作。

Building Sustainable Regional Connectivity

—A Case Study of Railway Projects in Southeast Asia

Luo Yongkun

Abstract　Since 2013, China and ASEAN countries have promoted relationship by starting cooperation under "the Belt and Road" Initiative (BRI). Up till now, many projects and programs in various fields have been accomplished or under construction. In terms of infrastructure building, both sides are making great efforts to push for railway, high way, and power or hydro - power construction. These infrastructure building projects show BRI cooperation between China and ASEAN have achieved success. However, the past six years also witnessed difficulties and challenges encountered by China and ASEAN, which become obstacles to the sustainable connectivity in the region. The difficulties and challenges include the external disturbance from great powers like US, India and Japan, and the internal uncertainties in the region like the regime change of the relevant countries, lack of political confidence, less exchange at people to people level and so on. However, China and ASEAN have got some opportunities as well. China and some regional countries are exploring joint cooperation in the third country. This expands cooperation between China and ASEAN countries. Based on the background, China and ASEAN countries should try to overcome the difficulties and challenges by making good use of opportunities so as to promote the sustainability of regional connectivity. To this end, the paper will make relevant recommendations.

Key Words China and ASEAN; "Belt and Road" Initiative; Infrastructure Building; Connectivity; Sustainability

Author Luo Yongkun, China Institutes of Contemporary International Relations, Associate Research Fellow and Ph. D.

老挝视角下东盟与中国的环境保护：挑战与合作

苏拉汀·提拉德（著）　　蓝襄云（译）*

【摘要】过去十年，老挝依赖对国内丰富的土地、矿产、水等自然资源的开发利用，经济增长速度位居东盟前列。然而这样的发展模式缺乏可持续性，乱砍滥伐、采矿、基础设施建设占地、砍伐森林开垦耕地以及乡村发展计划等导致了森林面积减少、水土流失、水污染等环境问题。环境恶化的问题并未得到适当的解决，究其原因，主要是环境保护不力，从自然资源的监管到相关机构都缺乏包容性的环保理念。因此，重新建构决策理念和决策过程，使其涵盖协调经济增长和环境保护的可持续发展理念，加强机构管理能力，以及开展国家层面和区域层面的合作对解决环境问题至关重要。同时，东盟还应该促进与中国在此议题上的合作，中国所拥有的更为丰富的资源以及体现可持续发展理念的一些经济增长成效能够助力东盟的环境保护行动。

【关键词】环境可持续性；协调；协作；机构

【作者简介】苏拉汀·提拉德（Sulathin Thiladej），老挝外交部外交研究所，研究部门主任。

老挝是东南亚地区发展最快的经济体之一，国内自然资源丰富，经济增长驱动力在很大程度上源自对土地、矿产和水等自然资源的利用。然而，这样的增长模式并不具有可持续性，导致自然环境发生快速而不可逆

---

* 蓝襄云，广西大学国际学院，助理研究员。

的变化。最令人担忧的问题是森林面积减少、土地和水污染严重，并且民众缺乏环保意识，缺乏社区废物管理经验。本文检视老挝迫在眉睫的环境恶化问题，分析其在解决问题过程中面临的政策制定和执行的挑战，进而为东盟成员国和中国提出相关的政策参考和建议。

东南亚是一个充满多样性的地区，几乎所有东南亚国家都拥有丰富的自然资源，各国均通过对自然资源的开发和利用来促进经济发展。老挝是一个没有海岸线的"陆锁国"，被归入最不发达国家行列。老挝也一直在利用丰富的自然资源谋求发展，然而依赖自然资源的发展是负面的还是正面的却颇具争议。① 尽管有这些争议存在，这些年来老挝已经取得了令人瞩目的发展成就，年均 GDP 增长率保持在 6%~7%，人均国民生产总值也在过去几十年取得相当大的增长，于 2018 年达到 2542 美元。② 这些发展成就预计将助力老挝达成到 2024 年脱离"最不发达国家"行列，到 2030 年成为中等偏上收入国家的目标。③ 有分析发现，老挝利用自然资源推动经济快速增长，主要是通过在农、林、矿业以及水电站建设和运营上实行出口导向政策来实现的。④

在推进国家发展规划的过程中，老挝强调外国直接投资的重要性，近年来又通过引进外资开展各类建设项目，包括建设和升级公路、桥梁以及电力供应，以改善全国的基础设施联通状况，进而改善了民众获取公共卫生服务、教育以及其他福利的渠道以及基本生活设施，由此提高了国民，特别是乡村地区居民的生活水平。⑤ 作为一个最不发达国家，老挝尤其注重解决贫困问题。2016 年，老挝贫困率约为 23%，是东南亚国家中第二高

---

① Paltseva, E. and Roine, J., "Are Natural Resources Good or Bad for Development", Policy Brief, Free Network, December 21, 2011, https://freepolicybriefs.org/2011/12/21/are-natural-resources-good-or-bad-for-development/，登录时间：2019 年 5 月 12 日。

② "Overview", The World Bank IBRD-IDA, https://www.worldbank.org/en/country/lao/overview，登录时间：2019 年 4 月 29 日。

③ National Institute for Economic Research, "The Regional and International Integration and Connectivity Vision of the Lao PDR", BRC Research Report, Bangkok Research Center, JETRO Bangkok/IDE-JETRO.

④ "Lao PDR's Green Growth Reforms Get \$ 40 Million Boost with Credit from World Bank", *The World Bank IBRD-IDA*, May 28, 2019, https://www.worldbank.org/en/news/press-release/2019/05/28/lao-pdrs-green-growth-reforms-get-40-million-boost-with-credit-from-world-bank，登录时间：2019 年 5 月 29 日。

⑤ Ministry of Agriculture and Forestry, "Environmental and Social Management Framework", Lao PDR Agriculture Commercialization Project (LACP), 2017.

的贫困率，仅次于缅甸的 32%。① 然而，老挝的发展模式并非可持续性的，这导致了大量的环境问题，包括森林面积减少、土壤和水质恶化、民众环境意识匮乏以及社区垃圾管理低效等问题。

与东南亚的其他几个国家一样，老挝面临的最严峻的环境问题是森林面积减少问题。为谋求经济增长，在监管乏力的情况下，全国范围内的森林被大肆砍伐、毁坏。老挝全国土地面积为 236800 平方公里，其中 2/3 为山地，10% 的土地已经被开发成为农业用地。② 全国森林覆盖率急剧下降，20 世纪 80 年代老挝的森林覆盖率超过 50%，到 2015 年就已减少到约 40%。并且森林减少速度加快，2006 年森林面积减少 2314 公顷，2010 年减少 6478 公顷，2015 年减少的面积则达到 12759 公顷。③ 大量数据显示，这几十年里老挝森林覆盖率下降，引发森林质量和生态系统功能的恶化。根据联合国粮食及农业组织的数据，老挝原生森林只占森林覆盖率的 6%，其余的都是被砍伐后自然再生的森林。④ 导致老挝森林减少的原因有多种，但最主要的是乱砍滥伐、毁林以修建公路、水库等基础设施，以及砍伐森林以扩大农业用地、开展乡村建设发展相关项目。⑤ 林业成为老挝国家、

---

① "ASEAN Statistical Yearbook 2018", The ASEAN Secretariat, December 2018, www. asean. org, 登录时间：2019 年 5 月 29 日。

② Ministry of Natural Resources and Environment, "Lao Environment Outlook 2012", March, 2012, https：//data. opendevelopmentmekong. net/dataset/be0addb0 – adfa – 484c – 88c2 – 32a9219db511/resource/9c1229cb – 25e4 – 4cbb – be23 – 2121c0012a50/download/lao＿ eo＿ 2012. pdf, 登录时间：2019 年 4 月 26 日。

③ Open Development Laos, "Environmental and Natural Resources", October 8, 2018, https：// laos. opendevelopmentmekong. net/topics/environment – and – natural – resources/, 登录时间：2019 年 4 月 20 日。

④ Food and Agriculture Organization of the United Nations, "Global Forest Resources Assessment 2015", 2015, https：//data. opendevelopmentmekong. net/dataset/0557389a – 2e89 – 4a31 – 83f7 – 1a354eeec40b/resource/4077104b – 0d7e – 4f78 – b3d1 – d749e2310822/download/a – i4808e. pdf, 登录时间：2019 年 4 月 28 日。

⑤ Ministry of Natural Resources and Environment, "Lao Environment Outlook 2012", March, 2012, https：//data. opendevelopmentmekong. net/dataset/be0addb0 – adfa – 484c – 88c2 – 32a9219db511/resource/9c1229cb – 25e4 – 4cbb – be23 – 2121c0012a50/download/lao＿ eo＿ 2012. pdf, 登录时间：2019 年 4 月 26 日；USAID, "Drivers of Deforestation in the Greater Mekong Subregion：Lao PDR Country Report", USAID Lowering Emissions in Asia's Forests, September, 2015, https：//data. opendevelopmentmekong. net/lo/dataset/a7319336 – 89bb – 4511 – 9c81 – e5441c61f877/resource/8fe5a029 – 4b36 – 47e9 – a0cc – 6bef0e0f0bb2/download/lao – pdr – final – revised – nov2015. pdf, 登录时间：2019 年 4 月 26 日。

社会、经济发展和乡村居民民生不可或缺的部分。数据显示，2016 年森林租赁收入为老挝 GDP 贡献 3.8%。[①] 森林还提供了不计其数的非木材产品，是老挝农村居民的食物和生计收入来源。总的来说，尽管老挝出台了各种关于环境保护的法律文件，包括森林保护与农业用地开拓监管条例，但执行和实施力度有限，无法遏制森林覆盖面积的急剧减少。

除了滥伐森林，老挝土地和水资源污染问题也非常严峻。实施国家发展规划以来，老挝致力于推进农业现代化和商业化，这已经成为促进经济发展最具潜力的优先策略。在这个过程中，政府鼓励外来投资通过土地租赁和合同承包方式发展农业。过去几年里，玉米、木薯、香蕉、水果和蔬菜种植等农业承包项目在老挝北部地区快速扩张。然而，许多承包农业的公司并未遵守环境保护条例和标准，造成了土壤退化、水污染等各种各样的环境问题。对香蕉承包种植业的案例研究发现，香蕉种植园大量使用化肥、农药以及其他化学品，造成土壤和河水污染。[②] 此外，非法倾倒塑料袋以及有化学品涂层的包装废料也是一个严重的问题。地方政府既缺乏监管经验，也缺乏先进设备、人力资源等，无法进行环境影响评估，无法规范承包商的行为，也无法执行农业投资标准。总的来说，地方层级对环境保护的公共监管缺乏效率。

采矿业是另一个值得忧虑的问题。一方面，由于老挝矿产资源丰富，采矿业的外国直接投资增加，促进了经济发展。然而另一方面，采矿公司在采矿过程中使用化学品，特别是氰化物，污染了土地和水源。居住在矿区周围的居民以及动物和水生物的生存受到威胁。一项研究发现，老挝北部金矿开采企业使用的氰化物已经造成了鱼和其他水生动物的死亡，污染了土壤，也对周边居民的健康造成了损害，使这些区域不再适宜居住。并且，尽管大规模的采矿企业采用更先进的技术，提高了化学品的使用效率和安全性，但污染对环境已经造成了不可逆的破坏，受影响的区域的森林

---

① Ministry of Agriculture and Forestry, "Environmental and Social Management Framework".

② Higashi, "Impacts on Regional Land Use from Investment in Banana Contract Farming by Chinese Companies: Case Studies in Oudomxay Province, Northern Laos", *Mekong Watch*, June, 2015, http://www.mekongwatch.org/PDF/BananaFarmingNorthernLaos - report.pdf, 登录时间: 2019 年 4 月 30 日。

大面积减少，生物多样性遭到破坏。①

　　除了经济发展模式的局限，个体消费者的行为也是环保问题的一个中心议题。这主要归因于城镇化的快速发展，从 2005 年到 2015 年间，从乡村迁移到城镇的人口增长了 40%。② 在城市扩展的过程中，消费者行为缺乏环境可持续发展意识，这导致了废物大量产生，垃圾问题在万象、沙湾拿吉、巴色等大城市里尤为严重。与全世界大多数国家一样，老挝民众无止境的消费欲望产生了堆积如山的垃圾。近期的证据显示，老挝城市居民日均产生 0.7 公斤的固体垃圾，这个数字高于邻国柬埔寨和缅甸。③ 与此同时，老挝的社区垃圾处理基本无效，大量垃圾不是被焚烧，就是被倾倒在空地、下水道或河流。垃圾填埋仍是处理废物的主要方式，同时还采用露天焚烧的方式。目前，最大的垃圾填埋场在首都万象，全国的 141 个城镇共有 14 个填埋场。④ 对电池等有害垃圾并没有恰当的处理方法，因此无法监控有害物质渗入土壤和地下水的状况。公共废物管理缺乏效率，废物管理变成住户和社区的责任。⑤

一、环境保护的挑战与政策制定和执行经验

　　在过去几十年里，环境破坏的代价超出经济增长成果的现象备受争议。环境保护与经济增长之间难以取得平衡，尤其是对大多数发展中国家

---

① Poverty – Environment Initiative, "Economic, Social and Environmental Iimpacts of Investments in Mining: Lao PDR Issues Brief", UNDP, August, 2010, https://data. opendevelopmentme kong. net/dataset/479cd7f0 – c4d2 – 4d47 – a46c – 74f60f055793/resource/bc80c3f2 – a332 – 4fa2 – a017 – 197d6abc579b/download/pei – brief – 082010miningenglishd. pdf, 登录时间：2019 年 4 月 29 日。

② Ministry of Agriculture and Forestry, "Environmental and Social Management Framework".

③ "Waste Management in ASEAN Countries: Summary Report", *United Nations*, 2017, https://wedocs. unep. org/bitstream/handle/20. 500. 11822/21134/waste_ mgt_ asean_ summary. pdf? sequence = 1&amp%3BisAllowed = , 登录时间：2019 年 4 月 30 日。

④ Asia Foundation, "Love Laos: Keep it Clean", *Asia Weekly Insights and Analysis*, April 19, 2017, http://web. archive. org/web/20181001035630/https://asiafoundation. org/2017/04/19/love – laos – keep – clean/, 登录时间：2019 年 4 月 29 日。

⑤ Global Green Growth Institute, "Solid Waste Management in Vientiane, Lao P. D. R: Situation Assessment and Opportunities for Waste to Rresource", *Global Green Growth Institute*, 2018, http://www. greengrowthknowledge. org/sites/default/files/downloads/best – practices/Solid_ Waste% 20Management_ in_ Vientiane_ Lao_ PDR%20_ GGGI. pdf, 登录时间：2019 年 5 月 3 日。

而言，解决平衡问题困难重重。老挝的经济增长很大程度上依赖大量外来直接投资对自然资源的开发利用，然而在开发和利用自然资源过程中多处违背可持续发展原则，忽视环境保护，由此导致环境恶化。[①] 尽管目前老挝整体的环境质量水平仍然高于其他部分地区，特别是在生物多样性方面，但是人类活动和经济发展速度在不断地给环境保护施加压力，长远来看形势将越来越严峻。

最近几年，老挝改进了环境保护相关的法规，确立了可持续经济发展的目标，然而在经济发展范式局限之下，可持续发展模式缺位，环境保护并未得到实践，森林、土地、水资源等自然资源的监管机构和监管手段缺失，也未注重促进公共环保意识和公众参与。[②] 比如说，近期推出的国家绿色增长战略符合老挝第八个五年（2016～2020 年）社会经济发展计划确立的优先事项原则，旨在推进整合环境保护和经济增长的模式，打造更具可持续性的发展项目。这一战略强调要更高效地利用自然资源，并采取更具韧性的发展模式，以应对气候变化等危机。[③] 战略所采取的关键策略之一是让"污染者付费"（Polluter Pays），意思是造成污染的企业必须额外缴税。但是，收取污染税这种新型税的具体方案和措施还未制定出来，企业目前要缴纳的仍然是公司税、特许权税、增值税以及所得税，占利润的24%。[④] 当然，增加收取这项税费有可能会影响国外投资者的投资积极性，阻碍经济发展，如何在经济发展需求和环境保护之间取得平衡还是一道难题。在制定策略或政策和执行之间常出现偏差，不仅是老挝，发展中国家普遍存在这个问题。

老挝已基本上完成各项与发展项目相关的环境影响评估和监管法令的制定，包括法律、命令、规范、指导原则等。2013 年的《环境保护法》是有关可持续环境保护的基本立法。这项法律建立了整合自然资源管理和可持续性利用自然资源的基本框架，并包含保护环境、改善环境、缓解环境

---

①② Ministry of Planning and Investment, "The 8th Five Year National Socio - Economic Development Plan（2016～2020）".

③ "Lao PDR's Green Growth Reforms Get ＄40 Million Boost with Credit from World Bank", The World Bank IBRD - IDA, May 28, 2019, https：//www. worldbank. org/en/news/press - release/2019/05/28/lao - pdrs - green - growth - reforms - get - 40 - million - boost - with - credit - from - world - bank，登录时间：2019 年 5 月 28 日。

④ "Lao Government Considers Tax to Protect Environment", The Phnom Penh Post, March 12, 2019, https：//www. phnompenhpost. com/business/lao - government - considers - tax - protect - environment，登录时间：2019 年 5 月 3 日。

压力、恢复环境的计划，以及环境管理、评估和监控的指导原则。老挝自然资源与环境部主导实施该法，其他部委制定实施法律具体条款的指导原则。然而，作为一个最不发达国家，老挝缺乏人力和财力，具体程序、法律和机制框架存在问题，推行环保法所面临的困难更加严峻。

这些问题体现为政策制定和执行之间存在的各种偏差，特别是在环境影响评估的程序和实际操作之间，通常是公共机构和相关利益者之间的角色模糊、职责不清。倡导环境评估的专家、相关部门、当地政府和政策制定者之间也缺乏协作，① 这不仅导致环境评估报告范围界定缺失、评估不到位、分析不足，而且影响了先于环境评估的审批发展项目的早期筹备工作。② 缺乏协作不仅会延误相关政策制定，也会阻碍环保条例的有效执行。环境评估体系的大多数缺陷可以归因于所有基本措施都执行不力。这些措施的主要目的是推广先进经验做法，而先进的经验做法是保证系统方法得到成功应用的基础。反之，措施执行不力就会对环境评估执行和操作的效力和翔实性产生负面影响。可见，监管活动面临的关键难题，是缺乏技术手段、合格官员、监控设备以及其他必要资源造成监管机构的能力缺陷。简而言之，执行监控环境影响的系统低能、低效。③

还有就是决策者专业知识不足，公众参与也缺乏专业度。专业知识匮乏导致环境评估条例等环保立法执行弱，监控方案低能。在发达国家，包括普通大众在内的各方利益相关者全程参与环境评估的各个阶段，决策阶段的参与度更高；而在老挝这样的最不发达国家里，公众绝少参与到规划和决策阶段。这主要是因为大多数的政策都由中央政府制定，国内和国际机构的公共参与有限，后果就是环境评估系统的公共参与效率难以提高。因此需要完善准则，深化公共参与度。

二、面向东盟成员国和中国的相关建议

在享受自然资源驱动经济发展成就的同时，老挝对于可持续环境保护

---

① ③ "Profile on Environmental and Social Considerations in Lao PDR", *Japan International Cooperation Agency*, December 2013, http：//open_ jicareport. jica. go. jp/pdf/12144762. pdf，登录时间：2019 年 4 月 30 日。

② Wayakone, S. & Inoue, "Evaluation of the Environmental Impacts Assessment（EIA）System in Lao PDR", *Journal of Environmental Protection*, Vol. 3, No. 12, 2012, pp. 1655 – 1670.

的公共管理备受考验。东盟已经出台了开展环境保护合作的各类文件，然而，与广泛深入的经济合作及其他领域的合作相比，环境保护合作在将文件内容转化为行动上仍然踟蹰不前。有研究认为，来源于东盟本身的问题是多方面的，包括建设经济共同体与建设环境可持续性共同体之间难以取得平衡发展，这个问题几乎无解。① 然而，区域内包括中国在内的所有国家需要采取能够带来变革的紧急行动，这同时要求各国政府以及市场里的交易商、制造商、消费者、金融或投资界等各方利益相关者以可持续发展理念为行为导向。②③ 如果这样的全局性变革手段能够得到应用，将会成为一个将经济发展和环境保护结合起来的有效手段，通过包容性咨询和多方利益相关者的有效参与，将攸关发展的政治、经济、社会和环境层面同时纳入政策考量。下文将就如何在国家层面、区域层面以及更广泛的层面上施行务实的弥补性政策提出建议。

发展的理念需要重构，以推进国家和区域的可持续发展。要达成这一变革性的改变，需要重构决策理念和过程，使其能够更好地协调经济增长和可持续发展之间的关系。在区域内，核心的环境问题是跨境烟霾污染问题，已经在印度尼西亚、马来西亚、文莱、新加坡和泰国这五个国家造成经济损失；柬埔寨、老挝、缅甸、泰国和越南在湄公河水资源管理上发生冲突，制约了国家间关系的发展。由此可见，经济效益与可持续发展之间存在竞争张力。

东盟正在朝着建设一个牢固的经济共同体目标迈进，空气、土壤和水资源成为区域经济发展的重要生产要素。因此，东盟应该注重跨境环境问题的管理，以真正建成共同体。欧盟的环保合作范式可以作为参考模板在东盟推行。欧盟已经做出深思熟虑的尝试，协调或整合成员国的环境标准和管理规定，使其同时考量经济和环境议题。尽管东盟还未在环境评估等环境保护措施上制定区域标准，但东盟成员国可以向其他区域性合作机制

①② Tay SSC, Chen C. L. & Lau X. Y., "ASEAN Approaches to Environmental Protection and Sustainable Development Cooperating across Borders, Sectors, and Pillars of Regional Community", *Singapore Institute of International Affai*rs, September, 2017, https：//asean. org/storage/2017/09/Ch. 4_ ASEAN - Approaches - to - Environmental - Protection - and - Sustainable - Dev. pdf，登录时间：2019 年 5 月 6 日。

③ McGrath, "Nature Crisis: Humans Threaten 1 m Species with Extinction", BBC, May, 2019, https：//www. bbc. com/news/science - environment -48169783，登录时间：2019 年 5 月 6 日。

学习，例如亚洲太平洋经济合作组织（APEC）设立了可持续环境保护的非约束性框架的行动和经验。然而，亚太经合组织的成员都承诺不会为了经济利益降低环保标准。另外，欧盟在有效解决或尽可能减少环境影响上的经验是采取经济激励措施，对创新环保技术的企业加以奖励。

关于经济发展范式，东盟需要就促进可持续环境保护与经济并行发展做出坚定承诺。2025 年东盟经济共同体愿景（The 2025 AEC Blueprint）强调了经济发展要具可持续性，然而具体、确切的行动计划还未落实。为应对挑战，东盟成员国不能局限于环保领域，应该将环境和经济领域紧密结合，使经济增长与可持续环境保护相辅相成。应该强制经济实体，特别是企业承担起社会和环保责任。然而，探索如何在整个东盟范围内实施务实的补救性措施是一个棘手的任务，部分原因是成员国之间发展不平衡，各国环保机构、政策以及环保事务的优先排序存在显著差异。因此，东盟需要做出郑重承诺，要全力以赴实现区域内的环境与可持续发展。

与此同时，重新建构可持续发展理念也与机制建设息息相关。有几个东盟成员国尽管认识到了环境保护的意义，却仍然没有为环保合作进行机制建设。例如，东盟协调委员会负责为东盟各国首脑提供参考报告，但因为经济和政治议题往往更受关注，包括环境问题在内的许多其他议题仍然停留在纸上谈兵的阶段，结果就是环境问题基本不被纳入考虑范围。①解决这一问题的有效办法是在东盟区域层面提出问题之前，将环境议题纳入各成员国的国家议题（除非东盟领导人能够意识到新经济发展范式的意义，例如将可再生能源作为创新领域，开发未来经济发展的潜力）。这一途径能够引导环境问题与政治、经济考量相结合，并促使东盟积蓄在面向未来的产业领域成为先锋的潜力。

目前，当我们观察东盟各成员国的各个经济发展领域的时候，仍然无法确认是否是国家机构在领导平衡经济发展和环境可持续性的问题。更具体地说，环境与可持续发展问题常被视为游离的功能，缺乏对经济因素的支配权力，更几乎无法影响经济发展政策的制定。这可能是整个东盟区域

---

① Tay SSC, Chen C. L. & Lau X. Y., "ASEAN Approaches to Environmental Protection and Sustainable Development Cooperating across Borders, Sectors, and Pillars of Regional Community", *Singapore Institute of International Affairs*, September, 2017, https://asean.org/storage/2017/09/Ch.4_ ASEAN – Approaches – to – Environmental – Protection – and – Sustainable – Dev. pdf, 登录时间：2019 年 5 月 6 日。

的问题，同时也反映在地方和国家层面上，同步经济增长和可持续发展的尝试寥寥无几。新加坡提供了可供东盟成员国检讨、学习以及实践的参考案例。新加坡设立了全国性的气候变化协作秘书处，该处隶属总统办公室，由副总统担任秘书处首长。这个机构不但有环境部的参与，而且贸工部、国家发展部以及其他相关部委也参与其中。这个机制的推行使新加坡成为全世界协调经济发展和环境可持续性最成功的国家之一。另外还有许多成功的行动可供东盟国家借鉴，例如印度尼西亚整合金融监管政策与环境可持续发展的行动扩大了对经济活动的影响，要求银行筛查和环境与可持续发展问题相关的信用以及业务风险。考虑到种种尝试，公共和私人机构应该在国家层面紧密合作，特别是要加强信息与思想交流。过去东盟也举行过若干关于经济增长与可持续发展的对话会议，但是大多数的私营部门都未被邀请参会。比如，每个东盟成员国的中央银行都参与讨论了关于绿色农业工程的信息和技术分享，但却缺乏包容性观念和反馈。由此可见，应该纳入私营部门对这一企划议题的看法。因此，应该促进国家层面和区域层面上公私部门之间的协调与合作，设立一个专门机制来主管此事。

除了在国家和区域层面进行合作之外，加强东盟的伙伴关系也是促进环境可持续发展的重要手段，中国是其中不可分割的部分。东盟的每个政府都是在全球背景之下处理可持续发展问题。近年来，经济增长与可持续性问题包括环境保护议题的推进取得进展，在联合国的努力之下，联合国可持续发展目标（SDGs）以及巴黎气候变化协定描述和识别了相关问题。所有的东盟成员国都参与了这些规划和协定的制定，并同意报告各自的相关行动。在这些全球协定和国家义务承诺下，东盟就有可能承担起在全球范围内引领推行新的经济发展范式的角色。然而，由于政策制定、优先事务排序和制度建设等方面存在的困难，东盟还无法实现这个抱负。在这种情况下，中国作为全球经济发展的核心引擎，同时又拥有建设绿色城市的经验，就可以分享信息，帮助东盟国家探索出一条可持续发展的路径。比如说，中国应该为能源利用种类的范式转换提供经济协助，助力实现能源生产和技术的转换，从而尽可能减少气候变化。同样，中国应该支持东盟智慧城市网络等绿色经济增长行动。目前东盟区域内有26个主要城市加入了智慧城市先导计划，需要资金来实施行动方案。中国还应该促进东盟制度提升环境问题的透明度。如果缺乏透明度，法令和政策的实施终将无效，环评报告无法让人信任，环境标准也无法确立。

东盟制定了 2030 年建立无国界经济共同体的目标，目前，经济一体化进程在不断扩大与深化。但东盟和其包括中国在内的战略伙伴需要认清问题所在，应对挑战，探索共同的补救性措施。东盟成员国之间发展不均问题日益严重，仍然是一个障碍。柬埔寨、老挝和缅甸被视为区域内较不发达国家，可见推动环境保护与经济增长并行并非易事。如前文所述，老挝在环境保护方面面临人力资源有限、环境知识匮乏、难以提升公众环保意识以及无法有效处置废料等诸多困难。因此，协助这些国家提升技术知识水平，促进其机构的能力建设，带领它们应用先进的科学技术，将帮助它们提高追赶其他成员国的发展水平，从而促进整个区域的环境可持续发展。

伴随着日渐增多的应对气候变化的运动开展，全球经济发展的范式已经不再只顾及增长。联合国可持续发展目标（SDGs）以及巴黎气候变化协定等提出的可持续发展的绿色增长日益成为国家、区域以至全球组织的中心议题。在东盟区域内，有关清洁的空气和水资源的环境问题日益凸显，对地方以及跨境污染问题的担忧将会影响经济发展，以及整个区域内数百万居民的生计。因此，协调经济增长与可持续发展至关重要，这要求进一步增大环境保护的力度。环境保护问题不可小视，破坏性的环境影响可能危害人类和所有生命体。然而，尝试的努力不能局限于东盟自身，必须纳入区域外、中国以及其他行动者的努力。东盟与中国密切开展从国家到区域的所有治理层面的协作是一个明智的尝试，特别是开展政府与私营部门之间的合作。同时还可以借鉴欧盟促进环保技术创新的经济奖励措施模式。

结　语

总的来说，老挝面临着紧迫的环境可持续发展问题，包括个体环保意识匮乏和公共管理薄弱，导致了森林减少以及土壤和水资源的恶化。这些问题在一个高度局限性的经济发展范式之下产生。要解决问题，就需要对自然资源进行更有效的管理，减少或杜绝资源浪费。在实践方面，必须加强环境保护相关法律和规定的执行，提高中央和地方机构的治理能力，提升公众的环保和可持续发展意识。政策的制定和实施需要更公开透明、更具包容性。在国家层面之外，作为政府间机构的东盟在帮助老挝开展可持续性环境保护上责无旁贷。此外，东盟成员国之间、东盟与包括中国在内的其他伙伴之间的紧密合作同样重要，在经济与环境部门之间、公共与私营部门之间开展合作，共同制定和实施联合政策，如此才能最终建成可持续发展的、包容性的绿色经济共同体。

Environmental Protection in ASEAN and China in Lao Perspective: Challenges and Cooperation

Sulathin Thiladej

Abstract   Over the last decade, the economy of Laos has been recorded among the highest growth rates in the region, which is largely driven by the utilization of the country's abundant natural resources, such as land, mineral and water resources. However, such growth is unsustainable, resulting in environmental degradation, including deforestation and soil erosion and water contamination. Such environmental impacts are mainly attributed to logging practice, mining activities, infrastructure projects and the conversion of forest lands for agriculture and rural development projects. Given the harming environmental drivers, they have been unsolved properly. This is because the weakness of implementation and lack of inclusive environmental protection, ranging from natural resource management to institutions. Thereby, reframing decision – making for sustainable development, which needs to better reconcile economic growth with environmental protection, as well as strengthening institutional capacity and coordination at national and regional is essential. Additionally, enhancing cooperation with China is imperative as China has more resources and relatively efficient economic growth with some examples of environmental sustainability that can fulfill ASEAN environmental initiatives.

Key Words   Environmental Sustainability; Reconciliation; Coordination; Institutions

Author   Sulathin Thiladej, Research Division of Institute of Foreign Affairs, Ministry of Foreign Affairs, Laos, Director.

汇率对越中双边贸易的影响：基于自回归分布滞后模型的研究结果

范英俊　陈氏霞　阮孟雄（著）　　王海峰　蓝珊珊（译）[*]

【摘要】本文通过采用自回归分布滞后模型（ARDL），探讨越南盾/人民币汇率（包括汇率水平和波动性）对越中两国贸易的影响。分解模型结果表明，9 种越南对中国的进口商品（约占进口总额的 28.67%）对越南盾/人民币实际汇率水平的变化十分敏感。9 种越南对中国的出口商品（约占出口总额的 39.15%）也随汇率水平的变化而变化。大多数未受汇率波动影响的进出口商品是原材料、中间品和简单加工的产品。另外，聚合模型的结果表明，汇率与贸易之间没有联系。换句话说，汇率不太可能成为促进中越贸易平衡的有效工具。这将为越南的货币和贸易政策之间的有效协调提供经验依据。

【关键词】贸易赤字；汇率；进出口；中国；越南
【基金项目】欧盟"前瞻2020"研究与创新计划。

【作者简介】范英俊（Pham Anh Tuan），越南社会科学院世界经济和政治研究所，副处长，博士；陈氏霞（Tran Thi Ha），越南社会科学院世界经济和政治研究所国际经济部，高级研究员，博士；阮孟雄（Nguyen Manh Hung），越南胡志明国家政治学院，高级研究员，助理教授，博士。

---

　*　王海峰，广西大学国际学院，讲师、博士；蓝珊珊，广西大学国际学院，学生。

自 2004 年以来，中国已连续 15 年成为越南最大的贸易伙伴。2002年，中国对越南的进口额仅占越南进口总额的 8.9%，但 2011 年和 2016年分别增长至 23.3% 和 28.7%（GSO，2017）。[①] 然而同期越南对中国出口占出口总额的比重稳定在 10% 左右。2000～2015 年，越南与中国的贸易在前两年出现了顺差，但自 2002 年以来，顺差转变为持续的逆差，进口额经常超过出口总值的 2～3 倍（见图 1）。截至 2015 年，中国对越南进口额为493 亿美元，出口额为 171.4 亿美元，贸易逆差达到创纪录的 320 亿美元（GSO，2017）。[②]

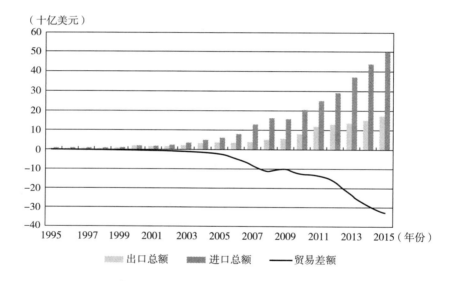

图 1　越南—中国出口总额、进口总额和贸易差额
资料来源：笔者通过越南国家统计局数据库数据绘出。

近 10 年来，越南从中国进口产品构成没有发生变化，主要包括机械、设备和零部件、原材料加工产品、纺织品、钢铁等，而越南对中国出口商品主要是资源消耗型产品和农产品（GSO，2017）。[③] 越南对中国不断扩大的贸易逆差越来越令人担忧，尤其是在 2015 年 8 月人民币对美元贬值2.6%，2016 年 5 月贬值 1.6% 之后。CIEM（2016）研究发现，除新加坡

---

①②③　GSO，"Trade Database"，2017，http：//gso. gov. vn/Default_ en. aspx? tabid =491，登录时间：2018 年 6 月 9 日。

外，越南是东盟成员国中唯一一个对华贸易逆差较大的国家。① 因此，本文提出了一个问题：双边汇率对两国贸易额有何影响，越南是否可以通过贬值本币来减少对中国的贸易逆差？

本文的结构如下：第一部分简要回顾了在传统经济学中评估汇率对贸易影响的文献，特别是有关越南的研究；第二部分为研究方法和模型；第三部分对估计的实证结果进行了研究和讨论；第四部分对研究结果进行了简要的总结。

一、文献综述

在经济文献中，研究汇率对贸易额影响的文献并不少见，已经有大量的文献研究了两个变量之间的联系。这些研究大多集中在基于马歇尔—勒纳条件（MLC）的汇率对总进出口额的影响上，这要求进出口需求价格弹性之和大于 1。就贬值或贬值的有效性而言，这些研究得出了不同的结论（Bahmani – Oskooee 和 Ardalani，2006）②。Baek（2013）③ 将这些研究分为三类，一是采用一国与世界其他国家间贸易总体数据的研究（Bahmani – Oskooee，1986；Felrningham，1988；Mahdavi 和 Sohrabian，1993）；④⑤⑥ 二是利用双边非总体贸易数据的研究（Arora，Bahmani – Oskooee 和 Goswami，

---

① CIEM, *Economic Dependence between Vietnam – China*, Hanoi: Central Institute for Economic Management, 2016.

② Bahmani – Oskooee, M. & Ardalani, Z. "Exchange Rate Sensitivity of U. S. Trade Flows: Evidence from Industry Data", *Southern Economic Journal*, Vol. 72, No. 3, 2006, p. 542.

③ Baek, J. "Does the exchange rate matter to bilateral trade between Korea and Japan? Evidence from commodity trade data", *Economic Modelling*, Vol. 30, 2013, pp. 856 – 862.

④ Bahmani – Oskooee, M., "Determinants of international trade flows: The Case of Developing Countries", *Journal of Development Economics*, Vol. 20, No. 1, 1986, pp. 107 – 123.

⑤ Felrningham, B. S., "Where is Australian J – curve?", *Bulletin of Economic Research*, Vol. 40, No. 1, 1998, pp. 43 – 56.

⑥ Mahdavi, S. & Sohrabian, A., "The exchange value of the dollar and the U. S. trade balance: An empirical investigation based on cointegradon and Granger causality tests", *The Quarterly Review of Economics and Finance*, Vol. 33, No. 4, 1993, pp. 343 – 358.

2003；Bahmani – Oskooee 和 Ratha，2004；Wilson，2001）；①②③ 三是近期的研究，使用了工业/商品层面的非总体贸易数据。

Baek（2013）认为第一类和第二类研究都可能存在总体偏差问题。④ 更具体地说，当将总体数据代入出口和进口需求函数时，一个国家某些商品/工业的显著价格弹性可能被其他商品/工业的不显著价格弹性所抵消，从而导致结论不一致。为了解决这个问题，Bahmani – Oskooee 和 Ardalani（2006）开辟了一条新的研究道路，利用美国 66 个行业的非总体数据，研究了美元实际贬值对进出口的影响。⑤ 研究表明，长期来看，美元的实际贬值会刺激美国多个行业的出口收入，而对多数进口行业没有显著影响。Baek（2013）在继承和发展 Bahmani – Oskooee 模型的基础上，利用非总体行业数据进行了分析，研究了汇率变化对韩国和日本之间贸易流动的短期和长期影响。⑥ 实证结果表明，短期内韩国的进出口额对双边汇率相对敏感，但长期而言反应较差。近期，Aftab，Syed 和 Katper（2017）通过集中研究马来西亚—泰国双边贸易流量来探究汇率与贸易之间的关系，他们使用了行业层面的双边贸易数据（60 个出口行业和 62 个进口行业）来抑制总体偏差。⑦ 根据 Bahmani – Oskooee 的方法，研究发现汇率对 15 个出口行业具有显著的正向影响，其中汇率系数在 14 个行业中显著。总的来说，使用新的研究方法可以发现在汇率对贸易平衡没有显著影响的情况下，对出口和进口哪个部门的影响更大。

除了定性研究外，还有一些是关于越南汇率与贸易之间关系的定量研

---

① Arora，S.，Bahmani – Oskooee，M. & Goswami，G.，"Bilateral J – curve between India and her trading partners"，*Applied Economics*，Vol. 35，No. 9，2003，pp. 1037 – 1041.

②④ Bahmani – Oskooee，M. & Ratha，A.，"Dynamics of the U. S. trade with developing countries"，*Journal of Developing Areas*，Vol. 37，No. 2，2004，pp. 1 – 11.

③ Wilson，P.，"Exchange Rates and the Trade Balance for Dynamic Asian Economies—Does the J – Curve Exist for Singapore，Malaysia，and Korea?"，*Open Economies Review*，Vol. 12，No. 4，2001，pp. 389 – 413.

⑤ Bahmani – Oskooee，M. & Ardalani，Z.，"Exchange Rate Sensitivity of U. S. Trade Flows：Evidence from Industry Data"，*Southern Economic Journal*，Vol. 72，No. 3，2006，p. 542.

⑥ Baek，J. "Does the exchange rate matter to bilateral trade between Korea and Japan? Evidence from commodity trade data"，*Economic Modelling*，Vol. 30，2013，pp. 856 – 862.

⑦ Aftab，M.，Syed，K. B. S. & Katper，N. A.，"Exchange – rate volatility and Malaysian – Thai bilateral industry trade flows"，*Journal of Economic Studies*，Vol. 44，No. 1，2017，pp. 99 – 114.

究。此外，这些研究分为第一类或第二类总体数据研究，重点研究贸易平衡与汇率之间的关系。Lord（2002）利用 ECM 模型计算了越南 1990 ~ 2001 年出口需求的长期和短期汇率弹性。[①] 回归结果表明，实际汇率对其国际竞争力和出口需求的影响对全球市场和部分地区市场具有统计学意义。T. T. T. Pham（2012）研究了越南汇率对贸易收支的短期和长期影响[②]，并采用自回归分布滞后模型（ADRL）研究了实际汇率贬值对贸易收支的长期影响。同时，研究也证明了越南实际汇率与贸易收支之间存在 J 曲线效应。Hoang（2013）使用简化形式的 VAR 模型来估计贸易平衡对实际越南盾/美元汇率的正面冲击的反应。[③] 研究证实了越南 J 曲线的存在，其影响持续了 11 个月。T. H. H. Pham 和 Nguyen（2013）在协整框架下分析了外国直接投资、出口和实际汇率之间的联系。[④] 利用 1990 ~ 2007 年的年度面板数据，研究发现，实际汇率通过两个渠道影响出口：对商品相对价格的直接影响和通过外国直接投资（FDI）的间接影响。Vu，Vu 和 Nguyen（2013）使用工业数据为四位数的 VECM 模型来估计汇率对越南主要贸易伙伴（包括美国、日本、韩国和欧盟）出口的影响。[⑤] 研究发现，总体而言，影响是积极显著的，但影响的程度因具体行业和贸易伙伴而有所不同；然而，该研究并不认为中国是越南的主要贸易伙伴之一。Phan 和 Jeong（2015）采用面板协整技术，研究了 1999 ~ 2012 年实际汇率对整个国家以及与 16 个贸易伙伴双边贸易平衡的影响。[⑥] 他们的结论是，越南的贸易平衡在长期性贬值后将显著恶化。Mai（2016）旨在计算汇率等因素

---

① Lord, M. *Vietnam's export competitiveness: Trade and macroeconomic policy linkages*, Germany: University Library of Munich, 2002.

② Pham, T. T. T. "The impact of exchange rate fluctuation on trade balance in short and long run", *Depocen Working Paper Series*, No. 23, 2012.

③ Hoang, K. V. "The effects of the real exchange rate on the trade balance: Is there a J – curve for Vietnam? A VAR approach", MPRA Paper, No. 54490, 2014, pp. 1 – 19.

④ Pham, T. H. H. & Nguyen, T. D. "Foreign direct investment, exports and real exchange rate linkages in Vietnam: Evidence from a co – integration approach", *Journal of Southeast Asian Economies*（*JSEAE*）, Vol. 30, No. 3, 2013, pp. 250 – 262.

⑤ Vu, H. Q., Vu, P. H. D. & Nguyen, T. T. H, *Exchange rate in Vietnam during* 2000 – 2011: *Determination, misalignment, impact on exports and policy dimensions*, Ha Noi: Economic Committee of Vietnam National Assembly and UNDP Vietnam, 2013.

⑥ Phan, T. H. & Jeong, J. Y. "Vietnam trade balance and exchange rate: Evidence from Panel data analysis", *Journal of Applied Economics & Business Research*, Vol. 5, No. 4, 2015.

对越南的海产品出口到日本和美国市场的影响。[①] 实证结果表明，越南盾对美元实际汇率对越南海鲜出口具有正向影响。与此相反，在 2004～2014年越南盾对日元汇率对越南海鲜出口具有负向影响。

总的来说，对越南汇率与贸易（包括出口、进口和贸易平衡）之间关系的研究数量有限。除了 Vu 等（2013），大多数研究只使用了总体数据进行分析。相关研究表明，从长远来看，实际汇率对贸易平衡有积极的影响（Lord，2002；Mai，2016；T. H. H. Pham 和 Nguyen，2013；T. T. T. Pham，2012；Vu 等，2013），但 Phan 和 Jeong（2015）的研究除外。Vu 等（2013）是唯一使用非总体数据的研究，研究了汇率对越南与美国、日本、欧盟和韩国等主要贸易伙伴之间贸易关系的影响。然而，该研究在分析中没有将中国纳入考虑范围。

综上所述，几乎没有研究探讨越南和中国之间的贸易平衡与双边汇率表现之间的联系。本文将尝试用 ARDL 方法来填补这一空白，研究越南对中国贸易逆差与中越双边汇率波动之间的实证联系。研究结果旨在解决以下研究问题：①越南对中国的贸易逆差和双方汇率之间是否存在联系？②汇率调整及其波动对各商品组（进出口）价值的具体影响是什么？

二、研究方法和模型

（一）出口和进口模型

基于 Bahmani – Oskooee 和 Ardalani（2006）的研究方法，并进一步借鉴 Baek（2013）的研究，本文建立了贸易需求模型（包括进口和出口），以考察汇率变化、汇率不确定性和国内收入对越南和中国之间每个商品组/行业的进出口的影响。模型如下：

$$\ln EX_{it}^{VN} = a_0 + a_1 \ln IND_t^{CN} + a_2 \ln RER_t + a_3 \ln VO_t + \varepsilon_t \tag{1}$$

$$\ln IM_{it}^{VN} = b_0 + b_1 \ln IND_t^{VN} + b_2 \ln RER_t + b_3 \ln VO_t + \mu_t \tag{2}$$

其中，EX_{it}^{VN}（IM_{it}^{VN}）为越南对中国的出口（进口）价值；IND_t^{VN}（IND_t^{CN}）为越南（中国）工业生产指数，代表越南（中国）的实际收入。

---

① Mai, T. C. T., "Impact of exchange rate on Vietnam seafood exports—The cases of Japan and US markets", *Journal of Development and Integration* (*Vietnam*), Vol. 26, No. 36, 2016, pp. 42 – 52.

RER_{it} 为越南盾与人民币的实际汇率，定义为：$RER = NER \times \dfrac{P}{P^*}$，其中，$NER$ 为越南盾与人民币名义汇率，P（P^*）为越南（中国）物价水平。VO_t 为名义汇率波动率，以每个月所有日汇率的标准差来计算。在本研究中，越南视为国内经济，中国为合作伙伴。

（二）检验和评估

采用自回归分布滞后模型（ARDL）方法，研究了协整分析中的短期和长期联系。根据 Pesaran，Shin 和 Smith（2001）提出的方法，将式（1）和式（2）的误差修正模型格式改写如下：

出口：

$$\Delta lnEX_{it}^{VN} = a_0 + \sum\nolimits_{k=1}^{q} a_{1k}\Delta lnEX_{i,t-k} + \sum\nolimits_{k=0}^{q} a_{2k}\Delta IND_{t-k}^{CN} +$$
$$\sum\nolimits_{k=0}^{q} a_{3k}\Delta lnRER_{t-k} + \sum\nolimits_{k=0}^{q} a_{4k}\Delta lnVO_{t-k} + a_0 lnEX_{i,t-1} +$$
$$a_1 lnIND_{t-1}^{CN} + a_2 lnRER_{t-1} + a_3 lnVO_{t-1} + \varepsilon_t \qquad (3)$$

进口：

$$\Delta lnIM_{it}^{VN} = b_0 + \sum\nolimits_{k=1}^{q} b_{1k}\Delta lnIM_{i,t-k} + \sum\nolimits_{k=0}^{q} b_{2k}\Delta IND_{t-k}^{VN} +$$
$$\sum\nolimits_{k=0}^{q} b_{3k}\Delta lnRER_{t-k} + \sum\nolimits_{k=0}^{q} b_{4k}\Delta lnVO_{t-k} +$$
$$b_0 lnIM_{i,t-1} + b_1 lnIND_{t-1}^{VN} + b_2 lnRER_{t-1} + b_3 lnVO_{t-1} + v_t \quad (4)$$

其中，q 为滞后阶，Δ 为差分算子。在各方程中，长期效应表示为 $lnEX_{i,t-1}$，$lnIM_{i,t-1}$，$lnIND_{t-1}$，$lnRER_{t-1}$，$lnVO_{t-1}$ 的估计系数。系数求和符号（$\sum$）表示汇率变动对出口和进口的短期效应。

Pesaran 等（2001）提出了一种新的方法来检验变量之间是否存在关系，这种关系并不要求所有变量都是平稳的时间序列。[①] 长期关系存在的原假设由式（3）H_0：$a_0 = a_1 = a_2 = a_3 = 0$ 或式（4）H_0：$b_0 = b_1 = b_2 = b_3 = 0$ 定义，该检验采用标准 F – 检验，具体列出了新的渐近临界值集。

上临界值假设所有变量都是 I（1）或非平稳的，下临界值假设所有变

[①] Pesaran, M. H., Shin, Y. & Smith, R. J. "Bounds testing approaches to the analysis of level relationships", *Journal of Applied Econometrics*, Vol. 16, No. 3, 2001, pp. 289 – 326.

量都是 I（0）或平稳的。如果计算的 F - 统计量大于临界值的上限，则可以拒绝原假设 H_0。

简而言之，本文采用的方法步骤如下：

（1）确保模型中使用的所有变量不为 I（2），因为 I（2）的存在将使该方法无效。

（2）对"无限制"错误校正模型（ECM）确定适当的滞后结构，ECM 是 ARDL 模型的一种特殊类型。

（3）执行"边限检验"，观察是否有证据证明变量之间存在长期均衡关系。

（4）如果前一步的结果是积极的，则对一个长期的"水平模型"以及一个分离的"限制性"ECM 模型进行估算。

（5）利用前一步模型估计的结果来衡量短期动态效应，以及变量之间的长期均衡关系。

（三）变量和数据来源

双边进出口总额是本文的主要因变量。对于 ARDL 估计，越南出口总额和进口总额，特别是一些主要行业/商品的数据，由越南海关总署提供。越南的进出口统计数据是根据现行的进出口关税表进行分类的，而进出口关税表是根据协调制度（HS 2012 版）编制的。其中，进口数据包括 33 种商品，占进口总值的 92%；出口数据包括 32 种商品，占出口总值的 90%。对于汇率变量，不同月度频率的数据来自越南国家银行数据库。由于无法获得实际收入的月度频率数据，本文使用工业生产指数作为等效替代。两国工业生产指数的数据来自亚洲区域一体化中心数据库。所有的变量都经过季节调整并转换成自然对数。最后，数据集包含了从 2009 年 1 月到 2016 年 12 月的 96 个月的观测数据。

三、实证结果

（一）静态检验

根据 Pesaran 等（2001）提出的方法，研究变量之间的协整关系的界限测试方法可以与 I（0）和 I（1）数据混合使用。[①] 然而，当存在（Nkoro 和 Uko，2016）协整随机趋势时，则不满足该条件。[②] 为了避免这种情况，应该进行单位根检验，以确保不存在变量 I（2）。因此，我们使用增项迪基—福勒（ADF）检验方法对模型中的所有变量进行单位根检验。ADF 检验结果表明，各变量均为平稳 I（0）或一阶单整（见表1和表2）。

表1　进口模型诊断检验

产品	协整检验			CUSUM 检验		LM 检验		
	F 统计	EC（t − 1）		CUSUM	CUSUMSQ	F	P_value	占比（%）
橡胶	5.08	− 0.28 ***	− 0.08	US	US	0.00	0.98	0.10
塑料材料	2.79	− 0.0661	− 0.09	US	US	3.28	0.07	1.32
电线和电缆	16.65	− 0.83 ***	− 0.10	US	US	1.39	0.24	1.05
药物	4.81	− 0.46 ***	− 0.11	S	S	0.58	0.45	0.09
纸张	1.67	− 0.18 **	− 0.08	US	S	0.88	0.35	0.63
木材及木制品	5.59	− 0.54 ***	− 0.12	US	S	3.39	0.07	0.57
化学制品	2.35	− 0.18	− 0.13	US	US	0.05	0.83	2.02
液化石油气	2.39	− 0.38 ***	− 0.13	US	S	2.51	0.12	0.40
其他贱金属	7.12	− 0.41 ***	− 0.09	S	S	0.19	0.66	3.04
电机配件	1.73	− 0.09	− 0.08	S	S	1.15	0.29	1.35
机械、仪器、附件	2.01	− 0.29 ***	− 0.11	S	S	1.15	0.29	18.58
计算机、电子产品及零部件	7.02	− 0.35 ***	− 0.08	US	S	2.48	0.12	11.85
医药制品	4.10	− 0.34 ***	− 0.10	S	US	0.53	0.47	0.47
纺织、服装、皮革、鞋类辅料	4.15	− 0.15 ***	− 0.06	US	S	0.46	0.50	3.75
香烟辅料	2.70	− 0.11	− 0.09	S	US	0.48	0.49	0.16

[①] Pesaran, M. H., Shin, Y. & Smith, R. J. "Bounds testing approaches to the analysis of level relationships", *Journal of Applied Econometrics*, Vol. 16, No. 3, 2001, pp. 289 – 326.

[②] Nkoro, E. & Uko, A. K. "Autoregressive Distributed Lag（ARDL）cointegration technique：Application and interpretation", *Journal of Statistical and Econometric Methods*, Vol. 5, No. 4, 2016, pp. 63 – 91.

续表

产品	协整检验		CUSUM 检验		LM 检验		
	F 统计	EC（t-1）	CUSUM	CUSUMSQ	F	P_value	占比（%）
机动车辆、组装零件	0.93	-0.07	-0.07	US	S	0.23	0.63	0.85
化肥	7.22	-0.48***	-0.10	US	S	1.82	0.18	0.94
其他运输工具和设备	15.03	-0.76***	-0.10	S	S	2.80	0.10	0.26
新鲜的和加工过的蔬菜和水果	4.23	-0.40***	-0.12	S	S	0.61	0.44	0.44
铁、钢	8.90	-0.56***	-0.10	S	S	2.08	0.15	8.91
塑料制品	2.61	-0.35***	-0.11	S	S	0.30	0.58	2.99
橡胶制品	5.23	-0.48***	-0.13	S	S	0.96	0.33	0.44
纸制品	21.82	-0.86***	-0.09	S	S	0.13	0.72	0.48
化学产品	11.41	-0.73***	-0.11	S	US	1.25	0.27	1.73
其他贱金属制品	11.71	-0.76***	-0.12	S	S	0.48	0.49	0.61
钢铁制品	3.62	-0.34***	-0.09	US	S	0.44	0.51	2.13
动物饲料及其材料	6.26	-0.38***	-0.08	S	S	0.82	0.37	0.53
水产品	5.85	-0.58***	-0.13	US	S	0.13	0.72	0.14
杀虫剂及其材料	12.41	-0.67***	-0.10	S	US	0.22	0.64	0.71
纺织物	1.33	-0.11	-0.08	US	US	0.00	0.97	10.91
石油、精炼石油	2.86	-0.34***	-0.13	S	S	1.29	0.26	0.90
纤维，不含纺线	4.33	-0.16**	-0.07	US	S	0.99	0.32	1.40
电话及其零件	3.80	-0.28***	-0.08	S	US	1.05	0.31	12.30

注：回归系数的标准误差在括号内；***、**、*分别表示1%、5%、10%的显著性水平；占比（%）是该产品对进口总额的占比。

表2 出口模型诊断检验

产品	Cointegration 检验		CUSUM 检验		LM 检验		
	F 统计	EC（t-1）	CUSUM	CUSUMSQ	F	P_value	占比（%）
糖果、饼干和谷类食品	6.02	-0.30***	-0.08	S	US	0.44	0.51	0.35

续表

产品	Cointegration 检验		CUSUM 检验		LM 检验		
	F 统计	EC（t−1）	CUSUM	CUSUMSQ	F	P_value	占比（%）
塑料材料	4.77	−0.36***	−0.08	S	S	0.37	0.55	0.46
咖啡	5.26	−0.47***	−0.11	S	S	0.92	0.34	0.49
茶	3.95	−0.31**	−0.10	US	US	0.12	0.73	0.12
橡胶	1.68	−0.19*	−0.10	US	US	0.96	0.33	4.52
电线和电缆	2.17	−0.16**	−0.06	US	US	0.72	0.40	1.61
纺织、缝纫产品	2.75	−0.22**	−0.09	US	US	2.03	0.16	3.76
电话及其零件	1.80	−0.09	−0.10	S	S	0.40	0.53	3.64
原油	23.33	−0.97**	−0.10	S	S	0.14	0.71	5.95
鞋类	1.18	−0.02	−0.12	S	US	1.60	0.21	4.12
纸张和纸制品	2.58	−0.18*	−0.09	US	US	0.34	0.56	0.02
木材和木制品	7.99	−0.47***	−0.10	US	S	0.09	0.76	4.64
陶器和玻璃器皿	7.22	−0.51***	−0.10	S	S	0.77	0.38	0.02
化学品	1.31	−0.22*	−0.12	S	S	0.38	0.54	0.45
腰果	15.13	−0.78***	−0.10	S	S	0.56	0.46	1.92
海鲜	10.54	−0.60***	−0.10	S	US	1.55	0.22	3.12
其他贱金属及其制品	2.72	−0.43***	−0.14	S	S	0.01	0.91	0.31
照相机及其部件	1.23	−0.09*	−0.05	S	US	1.74	0.19	7.56
机械、仪器、附件	5.72	−0.37***	−0.09	S	US	0.21	0.65	5.06
计算机及其零部件	1.96	−0.19**	−0.08	S	S	1.13	0.29	18.47
运输工具和设备	2.81	−0.40***	−0.15	US	US	1.22	0.27	0.94
矿石及其他矿物	3.77	−0.46***	−0.13	S	US	2.52	0.12	0.29
新鲜的和加工过的蔬菜和水果	1.79	−0.12	−0.08	US	US	0.14	0.71	7.91
塑料制品	4.27	−0.34***	−0.11	S	US	0.00	0.97	0.21
橡胶制品	1.88	−0.23*	−0.11	US	S	0.00	0.95	0.29
化学制品	3.64	−0.36***	−0.10	US	US	0.88	0.35	0.36
木薯和木薯制品	6.35	−0.40***	−0.09	S	S	0.03	0.86	3.95
铁、钢	5.45	−0.35***	−0.08	US	S	1.50	0.22	0.03

产品	Cointegration 检验		CUSUM 检验		LM 检验		
	F 统计	EC（t-1）	CUSUM	CUSUMSQ	F	P_value	占比（%）
钢铁制品	7.23	-0.72***	-0.14	S	US	0.15	0.70	0.22
包，口袋，钱包，手提箱，帽子和雨伞	1.09	-0.11	-0.11	S	S	0.27	0.61	0.70
玻璃及玻璃制品	1.65	-0.23**	-0.10	S	S	0.16	0.69	0.30
石油、精炼石油	2.73	-0.21***	-0.08	US	US	0.39	0.53	0.78
纤维，不含纺线	2.98	-0.39***	-0.12	S	S	0.04	0.84	7.51

注：回归系数的标准误差在括号内；***、**、*分别表示1%、5%、10%的显著性水平；占比（%）是该产品对出口总额的占比。

（二）最优滞后选择

为了获得最优滞后结构方程（3）和方程（4），我们采用赤池信息量准则（Akaike information criterion）过程和拉格朗日乘数法（Lagrange Multiplier Method）统计来检验各变量之间不存在序列相关性的假设（见表1和表2）。结果表明，在5%的水平和所有模型的最大6阶滞后情况下不能拒绝原假设。因此，研究各模型中变量之间存在的协整关系是合理的。

（三）协整的边限检验

根据 Pesaran 等（2001）所使用的 ARDL 研究方法，我们在无协整的原假设下进行 F - 检验：式（3）$H_0: a_0 = a_1 = a_2 = a_3 = 0$ 或式（4）$H_0: b_0 = b_1 = b_2 = b_3 = 0$。[①] Bahmanin - Oskooee 和 Ardalani（2006）研究表明，F - 检验对施加在每个一阶差分变量上的滞后量很敏感。[②] 因此，继 Baner-

① Pesaran, M. H., Shin, Y. & Smith, R. J. "Bounds testing approaches to the analysis of level relationships", *Journal of Applied Econometrics*, Vol. 16, No. 3, 2001, pp. 289 – 326.
② Bahmani - Oskooee, M. & Ardalani, Z. "Exchange rate sensitivity of U. S. trade flows: Evidence from industry data", *Southern Economic Journal*, Vol. 72, No. 3, 2006, p. 542.

jee，Dolado 和 Mestre（1998）与 Banerjee 等（1998）的研究之后，本文使用一个负的、显著的误差修正项（EC_{t-1}）作为判断变量之间是否存在长期关系的另一个标准。① 结果（见表 1）表明，进口模型包含的 33 种商品中有 21 种商品的 F - 统计量高于临界值 3.77；然而，由于进口模型的误差修正项系数为负，模型包含的 33 种商品中有 27 种商品具有统计学意义。因此，这 27 种进口商品之间存在着长期的关系。对于出口模型，计算出 32 种商品中有 15 种商品的 F - 统计量高于临界值；由于出口模型的误差修正项系数为负，其余的 17 种商品中的 14 种商品也被认为是协整的，且在 5% 的水平上显著。以上结果表明，进出口模型的四个变量之间存在协整关系，可以进行下一步分析。

（四）分解模型的结果

表 3 和表 4 给出了进出口模型中每种商品的估计系数。表 5 给出了 27 种商品进口模型的长期系数。结果表明，在 5% 或 10% 的显著性水平下，实际汇率系数显著的商品有 9 种（占进口总值的 28.67%）。

表 3　进口模型估计

商品	汇率水平		汇率波动率		收入	
	长期	短期	长期	短期	长期	短期
橡胶	N	–	–	N	N	N
电线和电缆	–	+	N	N	+	N
药物	–	+	N	N	N	+
纸张	N	N	N	N	+	+
木材和木制品	N	+	N	N	+	+
液化气石油	–	+	N	N	–	N
其他贱金属	N	N	–	N	+	N
机械、仪器、附件	N	N	N	N	+	N
计算机、电子产品及零部件	–	+	–	+	+	N

---

① Banerjee, A., Dolado, J. & Mestre, R. "Error - correction mechanism tests for cointegration in a single equation framework", *Journal of Time Series Analysis*, Vol. 19, No. 3, 1998, pp. 267 - 283.

续表

商品	汇率水平		汇率波动率		收入	
	长期	短期	长期	短期	长期	短期
医药制品	N	N	N	N	N	+
纺织、服装、皮革、鞋类辅料	N	+	+	N	+	N
化肥	–	N	–	N	–	+
其他运输工具和设备	N	N	N	N	+	N
新鲜的和加工过的蔬菜和水果	N		–	+	+	N
铁、钢	N	N	–	N	+	N
塑料制品	N	+	N	N	+	N
橡胶制品	–	+	+	N	+	+
纸制品	N	+	N	N	+	N
化学制品	N	N	N	N	+	B
其他贱金属制品	N	–	N	N	+	N
钢铁制品	N	N	N	+	+	N
动物饲料及材料	N	+	N	N	N	–
水产品	N	N	N	+	+	N
杀虫剂和材料	–	+	–	+	N	N
石油、精炼石油	–	B	N	N	–	
纤维，不含纺线	N	B	N	N	+	N
电话及其零件	–	+	N	N	N	+

注：（＋）正显著系数；（－）负显著系数；（N）无关紧要的系数；（B）在不同的滞后时间，系数分别为正和负。

表4 出口模型估计

商品	汇率水平		汇率波动率		收入	
	长期	短期	长期	短期	长期	短期
糖果、饼干和谷类食品	+	–	N	N	+	N
塑料材料	N	N	N	N	+	N
咖啡	N	B	N	B	N	N
茶	N	N	N	N	N	–

续表

商品	汇率水平		汇率波动率		收入	
	长期	短期	长期	短期	长期	短期
橡胶	N	–	N	N	N	B
电线和电缆	–	N	N	+	+	N
纺织、缝纫产品	N	N	–	+	+	–
原油	N	N	N	N	N	N
纸张和纸制品	N	N	N	+	–	N
木材和木制品	N	N	–	+	+	–
陶器和玻璃器皿	N	N	N	N	N	
化学品	N	N	N	–	N	N
腰果	–	–	N	N	+	
海鲜	N	N	+	–	+	
其他贱金属及制品		N	N	N	N	N
照相机及其部件	N	+	N	N	+	N
机械、仪器、附件	+	N	N	N	+	–
计算机及其零部件	–	+	N	N	N	N
运输工具和设备	N	N	N	N	N	N
矿石及其他矿物	N	N	N	N	N	B
塑料制品	N	+	–	+	+	N
橡胶制品	N	B	N	+	N	N
化学制品	N	N	N	N	N	N
木薯和木薯制品	–	N	–	N	N	N
铁、钢	N	B	N	N	–	N
钢铁制品	–	+	N	N	+	N
玻璃及玻璃制品	N	N	N	N	+	N
石油、精炼石油	N	–	N	+	N	N
纤维、不含纺线	–	+	N	N	+	–

注：（＋）正显著系数；（－）负显著系数；（N）无关紧要的系数；（B）在不同的滞后时间，系数分别为正和负。

表 5 进口模型的估计长期系数

产品	lnRER	lnVO	lnIND（越南）	Constant	Obs	R-squared
橡胶	3.47 (2.60)	-0.23* (0.12)	1.07 (0.88)	-6.63 (6.24)	90	0.38
电线和电缆	-2.49** (1.03)	-0.01 (0.05)	1.76*** (0.38)	17.54** (8.22)	90	0.45
药物	-1.95* (1.10)	-0.05 (0.05)	0.32 (0.41)	10.18* (5.12)	90	0.46
纸张	-3.09 (2.34)	-0.04 (0.09)	2.39** (0.89)	4.02 (3.56)	90	0.50
木材和木制品	-0.46 (0.62)	-0.03 (0.03)	0.99*** (0.23)	4.71 (3.14)	90	0.55
液化气石油	-3.61** (1.54)	-0.01 (0.07)	-1.52*** (0.55)	17.23** (8.31)	89	0.41
其他贱金属	0.38 (1.21)	-0.13** (0.06)	3.65*** (0.46)	-3.83 (4.73)	90	0.34
机械、仪器、附件	-0.27 (1.00)	0.01 (0.04)	1.49*** (0.37)	2.46 (2.83)	90	0.43
计算机、电子产品及零部件	-4.46*** (0.79)	-0.14** (0.07)	0.97*** (0.30)	15.21*** (3.58)	90	0.68
医药制品	-2.14 (2.11)	-0.19 (0.14)	1.34 (0.82)	6.92 (6.46)	90	0.45
纺织、服装、皮革、鞋类辅料	2.74 (5.63)	0.52* (0.30)	3.59** (1.80)	-4.22 (7.01)	90	0.31
化肥	-4.13** (1.75)	-0.14* (0.08)	-1.64** (0.67)	24.69*** (9.33)	90	0.40
其他运输工具和设备	2.03 (2.77)	-0.01 (0.12)	3.59*** (1.05)	-18.96 (19.85)	89	0.42
新鲜的和加工过的蔬菜和水果	0.48 (0.79)	-0.13* (0.07)	0.54* (0.30)	1.46 (2.93)	89	0.49

续表

产品	lnRER		lnVO		lnIND（越南）		Constant		Obs	R - squared
铁、钢	0.27	(1.14)	-0.12**	(0.05)	2.55***	(0.44)	-0.98	(5.94)	90	0.40
塑料制品	-0.24	(0.87)	-0.01	(0.04)	2.76***	(0.32)	-0.11	(2.80)	90	0.48
橡胶制品	-2.57***	(0.72)	0.07*	(0.04)	1.61***	(0.26)	10.23***	(3.87)	89	0.59
纸制品	-0.38	(0.33)	-0.02	(0.01)	1.44***	(0.12)	4.77*	(2.72)	89	0.52
化学制品	0.40	(0.45)	0.00	(0.02)	1.69***	(0.17)	-0.35	(3.06)	90	0.58
其他贱金属制品	-0.04	(0.63)	-0.02	(0.03)	2.54***	(0.22)	-1.85	(4.38)	89	0.58
钢铁制品	-1.49	(1.45)	-0.10	(0.09)	1.29**	(0.55)	5.65	(4.78)	89	0.36
动物饲料及材料	-2.72	(2.10)	0.07	(0.09)	0.93	(0.78)	10.00	(7.87)	90	0.33
水产品	-0.56	(1.92)	-0.15	(0.12)	3.58***	(0.74)	-2.71	(10.49)	89	0.47
杀虫剂和材料	-3.08***	(0.80)	-0.17*	(0.10)	-0.16	(0.32)	23.97***	(5.89)	89	0.46
石油、精炼石油	-5.65**	(2.53)	0.13	(0.11)	-3.49***	(1.02)	24.14**	(9.59)	90	0.57
纤维，不含纺线	1.84	(2.83)	-0.16	(0.11)	2.08***	(0.76)	-2.15	(3.49)	90	0.53
电话及其零件	-11.41**	(5.16)	0.04	(0.07)	0.76	(0.66)	27.31**	(10.65)	61	0.39

注：回归系数的标准误差在括号内；***、**和*分别表示1%、5%和10%的显著性水平。

这些商品包括电线和电缆；医药制品；液化气石油；计算机、电子产品及零部件；化肥；电话及其零件；橡胶制品；杀虫剂和材料；石油、精炼石油。这些商品的回归系数均为负，意味着越南盾贬值将减少这些商品的进口。例如，电线和电缆的估计系数为 -2.49（在 5% 的显著性水平上有统计学意义），说明越南盾的实际贬值将减少对电线和电缆的进口。因此，在这种情况下，实际汇率与进口价值之间的长期关系符合传统理论。另外，汇率水平系数在其余的 24 种商品（主要是原材料、中间产品和简单加工产品，占进口总值的 71.33%）中不显著，包括纺织品；机械、仪器、附件；钢、铁；等等。

进口模型的结果表明，汇率水平的调整只会对进口总值的一小部分产生影响。换句话说，汇率可能是减少从中国进口的无效工具，尤其是中间产品（进口总值的最大组成部分）。

对于出口模型（见表6），长期来看，32 种商品中有 9 种商品（约占出口总值的 39.146%）的实际汇率在 10% 的显著性水平上显著，这 9 种商品包括糖果、饼干和谷类食品；电线和电缆；腰果；其他贱金属及制品；机械、仪器、附件；计算机及其零部件；木薯和木薯制品；钢铁制品及纤维（不含纺线）。32 种商品中有 2 种商品的估计系数显著为正，表明当越南盾贬值时，这两种商品的出口增加。因此，出口模型的结果表明，从长期来看，越南对中国的出口比从中国的进口对汇率更敏感。

在出口模型中，32 种出口商品中有 5 种商品（占进口总值的 11.92%）的汇率波动在 10% 的显著性水平上显著。并且大多数系数的符号是负数，这些商品包括纺织、缝纫产品；木材和木制品；海鲜；塑料制品；木薯和木薯制品。进口模型中，汇率波动对 33 种进口商品中的 9 种商品（占进口总值的 30.87%）显著，这些商品包括橡胶；其他贱金属及制品；计算机、电子产品及零部件；纺织、服装、皮革、鞋类辅料；化肥；新鲜的和加工过的蔬菜和水果；铁、钢；橡胶制品；杀虫剂和材料。33 种进口商品中有 8 种商品的系数为负且显著，说明越南盾与人民币汇率波动率越高，进口越少。这些结果表明，从长期来看，进口商品对汇率波动的反应要强于出口商品。这一结果与 Ethier（1973）、P. B. Clark（1973）、Baron（1976）、Cushman（1986）、Peree 和 Steinherr（1989）以及 P. Clark、Tamirisa、Wei、Sadikov 和 Zeng（2004）等的研究结果一致，汇

表 6 出口方程的长期估计结果

产品	lnRER		lnVO		lnIND（中国）		Constant		Obs	R – squared
糖果、饼干和谷类食品	4.21**	(1.69)	-0.01	(0.05)	2.88***	(0.52)	-11.72***	(3.51)	90	0.52
塑料材料	-3.41	(3.90)	-0.30	(0.19)	2.33*	(1.27)	8.33	(12.14)	90	0.18
咖啡	-2.29	(2.62)	0.24	(0.16)	1.25	(0.81)	9.36	(11.74)	90	0.56
茶	1.26	(3.40)	-0.15	(0.18)	0.56	(1.00)	-1.49	(9.22)	90	0.33
橡胶	2.52	(5.12)	-0.10	(0.17)	-0.62	(1.32)	-0.98	(8.48)	90	0.46
电线和电缆	-7.23*	(3.69)	-0.11	(0.28)	2.24*	(1.24)	8.70	(5.81)	90	0.16
纺织、缝纫产品	-1.39	(2.35)	-0.48*	(0.27)	2.96***	(0.72)	1.76	(4.85)	90	0.37
原油	-7.63	(6.22)	0.37	(0.28)	0.41	(2.03)	65.10	(55.38)	90	0.52
纸张和纸制品	-1.82	(1.36)	-0.21**	(0.09)	0.97**	(0.44)	10.02	(6.36)	90	0.40
木材和木制品	-0.89	(2.36)	0.03	(0.10)	0.90	(0.75)	3.96	(11.11)	90	0.29
陶器和玻璃器皿	2.74	(10.49)	0.50	(0.87)	3.24	(3.69)	-6.62	(22.27)	90	0.52
化学品	-1.89**	(0.73)	-0.02	(0.03)	0.72***	(0.23)	16.70***	(6.06)	90	0.53
腰果	-1.18	(0.84)	0.17**	(0.07)	2.10***	(0.27)	5.27	(4.76)	90	0.40
海鲜	-9.69*	(4.95)	-0.05	(0.12)	1.01	(0.99)	33.42	(20.09)	61	0.43
其他贱金属及制品	-63.61	(41.56)	-0.91	(0.90)	14.26**	(6.69)	41.04	(29.94)	61	0.32

续表

产品	lnRER		lnVO		lnIND（中国）		Constant		Obs	R-squared
照相机及其部件	3.66***	(1.34)	0.05	(0.05)	3.45***	(0.40)	-12.83***	(4.00)	90	0.48
机械、仪器、附件	-10.25**	(4.20)	0.05	(0.16)	0.13	(1.37)	17.19**	(7.26)	90	0.44
计算机及其零部件	-3.63	(3.07)	-0.14	(0.17)	0.72	(0.99)	13.81	(12.73)	90	0.41
运输工具和设备	7.00	(7.77)	0.25	(0.47)	1.82	(2.41)	-25.25	(31.74)	90	0.49
矿石及其他矿物	-2.36	(1.79)	-0.28*	(0.14)	1.13**	(0.56)	7.22	(5.31)	90	0.44
塑料制品	-0.68	(3.63)	-0.41	(0.38)	-0.40	(0.99)	3.84	(8.28)	90	0.56
橡胶制品	-2.27	(2.16)	-0.08	(0.10)	0.67	(0.69)	8.34	(7.78)	90	0.28
化学制品	-3.01**	(1.43)	-0.15**	(0.07)	0.20	(0.47)	13.66**	(5.92)	90	0.23
木薯和木薯制品	6.30	(4.58)	-0.09	(0.20)	-2.69*	(1.46)	-10.01	(14.73)	90	0.40
铁、钢	-5.60***	(0.99)	0.01	(0.04)	0.91***	(0.31)	33.95***	(8.45)	90	0.53
钢铁制品	13.88	(8.64)	-0.08	(0.34)	4.49*	(2.65)	-28.41	(19.17)	90	0.37
玻璃及玻璃制品	17.18	(11.48)	-1.11	(0.69)	2.10	(3.36)	-28.05	(20.02)	90	0.43
石油、精炼石油	-9.57**	(3.36)	-0.02	(0.06)	2.05**	(0.46)	29.14**	(12.05)	61	0.40

注：回归系数的标准误差在括号内；***、**和*分别表示1%、5%和10%的显著性水平。

率波动对贸易流动有显著的负面影响。①②③④⑤⑥

　　研究发现，在大多数进出口模型中，收入变量在5%或10%显著性水平上表现为正显著（见表5和表6），这表明越南（中国）国内收入的增加将促进两国之间的贸易流动。在进口模型中，27种进口商品中有21种商品（占出口总值的61.24%）的收入在5%或10%的显著性水平上显著，说明变量之间存在协整。另外，在出口模型中，32种出口商品中有16种商品（占出口总值的44.72%）的收入在5%或10%的显著性水平上显著。研究结果与先前关于吸收法的论点是一致的，即国内收入影响贸易平衡，财政政策有利于改善贸易平衡。这也支持了文献中关于进口收入弹性大于出口需求收入弹性的普遍观点（Bahmani－Oskooee和Ardalani，2006）。⑦

　　表7和表8显示了短期分析的估计结果。原则上，如果至少有一个系数在统计上是显著的，那么就可以认为汇率水平对该商品有短期影响。其中进口模型的17种商品中有12种商品的系数为正，因此实际汇率的短期进口系数在33种商品中的17种商品（约占进口总量的25.89%）的进口模型中显著。值得注意的是，如果系数至少有一个为正显著，没有负显著，则认为汇率具有正的影响。可以使用相同的步骤来确定有哪些商品受到汇率的短期负面影响。根据估计的结果，我们可以得出结论，实际汇率贬值将在短期内增加以下这些商品的进口：医药；木材和木制品；计算机、电子产品及零部件；电线和电缆；纺织、服装、皮革、鞋类辅料；橡胶制品；塑料制品；纸制品；动物饲料及材料；杀虫剂和材料；电话及其零件；液化石油气。

---

① Ethier, W. "International trade and the forward exchange market", *The American Economic Review*, Vol. 63, No. 3, 1973, pp. 494－503.

② Clark, P. B. "Uncertainty, exchange risk, and the level of international trade", *Economic Inquiry*, Vol. 11, No. 3, 1973, pp. 302－313.

③ Baron, D. "Fluctuating exchange rates and the pricing of exports", *Economic Inquiry*, Vol. 14, No. 3, 1976, pp. 425－438.

④ Cushman, D. O. "Has exchange risk depressed international trade? The impact of third－country exchange risk", *Journal of International Money and Finance*, Vol. 5, No. 3, 1986, pp. 361－379.

⑤ Perée, E. & Steinherr, A., "Exchange rate uncertainty and foreign trade", *European Economic Review*, Vol. 33, No. 6, 1989, pp. 1241－1264.

⑥ Clark, P., Tamirisa, N., Wei, S.－J., Sadikov, A. & Zeng, L. "Exchange rate volatility and trade flows－some new evidence", *IMF Occasional Paper*, 2004, pp. 235.

⑦ Bahmani－Oskooee, M. & Ardalani, Z., "Exchange rate sensitivity of U. S. trade flows：Evidence from industry data", *Southern Economic Journal*, Vol. 72, No. 3, 2006, pp. 542.

表7 进口模型的短期估计系数

产品	变量	0	1	2	3	4	5
橡胶	ΔlnRER	-0.39 (1.44)	-4.02*** (1.49)				
	ΔlnIND						
	ΔlnVO						
电线和电缆	ΔlnRER	2.15 (1.81)	3.66* (1.88)				
	ΔlnIND						
	ΔlnVO						
医药	ΔlnRER	1.03 (1.09)	3.95*** (1.11)				
	ΔlnIND	0.96* (0.53)					
	ΔlnVO						
木材及木制品	ΔlnRER	1.95*** (0.71)					
	ΔlnIND	0.99** (0.47)	1.06** (0.44)				
	ΔlnVO						
液化石油气	ΔlnRER	-0.39 (1.23)	0.69 (1.26)	-1.02 (1.22)	-0.31 (1.21)	1.21 (1.19)	3.43*** (1.19)
	ΔlnIND						
	ΔlnVO						

续表

产品	变量	0	1	2	3	4	5
计算机、电子产品及零部件	$\Delta lnRER$	0.10 (0.64)	1.29** (0.65)	1.86*** (0.61)	1.31** (0.63)		
	$\Delta lnIND$						
	$\Delta lnVO$	0.03* (0.02)	0.03** (0.01)				
医药制品	$\Delta lnRER$						
	$\Delta lnIND$	1.04 (1.09)	0.06 (1.20)	2.38** (0.99)			
	$\Delta lnVO$	0.05 (0.03)					
纺织、服装、皮革、鞋类辅料	$\Delta lnRER$	0.92 (1.53)	3.22** (1.57)				
	$\Delta lnIND$						
	$\Delta lnVO$						
新鲜的和加工过的蔬菜和水果	$\Delta lnRER$	-1.41** (0.67)	1.07 (0.69)				
	$\Delta lnIND$						
	$\Delta lnVO$	0.04** (0.02)	0.02* (0.01)				
橡胶制品	$\Delta lnRER$	1.36* (0.76)	2.24*** (0.77)				
	$\Delta lnIND$	0.69* (0.39)					
	$\Delta lnVO$						

Lag order

续表

产品	变量	Lag order					
		0	1	2	3	4	5
塑料制品	ΔlnRER	1.04 (0.66)	1.69** (0.67)	1.49** (0.67)			
	ΔlnIND						
	ΔlnVO						
纸制品	ΔlnRER	1.04* (0.61)					
	ΔlnIND						
	ΔlnVO						
其他贱金属制品	ΔlnRER	0.77 (0.98)	-0.16 (1.02)	0.75 (0.99)	-0.26 (0.99)	-1.67* (0.97)	-2.88*** (0.96)
	ΔlnIND						
	ΔlnVO						
动物饲料及材料	ΔlnRER	-0.42 (1.72)	4.06** (1.74)				
	ΔlnIND	-1.12 (1.03)	-2.01** (1.01)				
	ΔlnVO						
水产品	ΔlnRER						
	ΔlnIND	-5.67*** (1.93)	-2.52 (1.60)				
	ΔlnVO	0.08* (0.05)					

续表

产品	变量	Lag order					
		0	1	2	3	4	5
杀虫剂和材料	ΔlnRER	2.82** (1.16)	1.66 (1.23)	1.87 (1.19)			
	ΔlnIND	0.11** (0.05)	0.11** (0.05)	0.06 (0.04)	0.08** (0.03)	0.07*** (0.02)	
	ΔlnVO	-0.20 (0.71)	-1.63** (0.72)	0.096 (0.71)	-1.29* (0.69)	1.26* (0.69)	
纤维，不含纺线	ΔlnRER	0.51 (0.36)					
	ΔlnIND						
	ΔlnVO						
石油，精炼石油	ΔlnRER	3.73** (1.77)	-3.85** (1.88)	5.07*** (1.84)	3.07* (1.82)		
	ΔlnIND						
	ΔlnVO						
电话及其零件	ΔlnRER	4.89** (2.00)	4.79** (1.96)				
	ΔlnIND	1.01** (0.47)					
	ΔlnVO						

注：回归系数的标准误差在括号内；***、**和*分别表示1%、5%和10%的显著性水平。

出口模型中，32 种商品中的 12 种商品（占出口总值的 42%）至少有一种汇率系数在短期内显著，且不同商品的汇率系数显著性的符号不同。这些商品包括糖果、饼干和谷类食品；咖啡；橡胶；腰果；照相机及其部件；计算机及其零部件；塑料制品；橡胶制品；钢铁制品；石油、精炼石油；铁、钢；纤维，不含纺线。这一结果进一步证明了在短期内出口比进口对汇率水平更敏感。

5 种进口商品的汇率波动在 5% 或 10% 的显著性水平上显著，这些商品包括：计算机、电子产品及零部件；新鲜的和加工过的蔬菜和水果；水产品；钢铁制品；杀虫剂和材料（约占进口总额的 15%）。然而，有 11 种出口商品（占出口总值的 23%）的汇率不确定性对短期内的统计显著有重要影响。波动率对 6 种商品的出口有积极影响，这些商品包括：电线和电缆；纺织、缝纫产品；纸张和纸制品；木材和木制品；塑料制品；石油、精炼石油。这一结果与长期分析结果相矛盾，表明进口商品对汇率不确定性敏感的数量高于出口商品的数量。

最后，我们检验了上述所有模型的估计系数随时间变动的稳定性。我们采用累计总和（CUSUM）和累积平方和（CUSUMSQ）检验，这是应用于 ECM 模型的残差方程（3）和方程（4）。在分解进口模型的检验中，CUSUM 和 CU-SUMSQ 的曲线表明，在显著的 14 个商品中，长期和短期的估计参数是稳定的（见表 1）。同样地，分解出口模型的稳定性检验表明，13 种商品中的估计系数是稳定的（见表 2）。我们用"S"表示稳定模型，用"US"表示不稳定模型。

（五）聚合模型的结果

Bahmani - Oskooee 和 Ardalani（2006）指出，"如果使用总体数据，某些部门的显著汇率系数可能被其他部门的不显著系数抵消"。[①] 另外，Brooks（1999）发现"分解方法未能解决协调贬值是否会改善国家双边贸易平衡的政策问题"[②]。

---

① Bahmani - Oskooee, M. & Ardalani, Z., "Exchange rate sensitivity of U. S. trade flows: Evidence from industry data", *Southern Economic Journal*, Vol. 72, No. 3, 2006, p. 542.

② Brooks, T., "Currency depreciation and the trade balance: An elasticity approach and test of the Marshall - Lerner condition for bilateral trade between the US and the G - 7", University of Wisconsin, Milwaukee, 1999.

表 8　出口模型短期系数结果

产品	变量	0	1	2	3	4	5
				Lag order			
糖果、饼干和各类食品	ΔlnRER	-1.47* (0.84)					
	ΔlnIND	-0.39 (0.26)					
	ΔlnVO						
咖啡	ΔlnRER	5.94** (2.65)	0.06 (2.69)	1.94 (2.72)	-5.50** (2.67)	-2.49 (2.67)	8.43*** (2.71)
	ΔlnIND						
	ΔlnVO	-0.09* (0.05)					
茶	ΔlnRER						
	ΔlnIND	-1.02 (0.62)	-2.08*** (0.65)	-1.38** (0.69)			
	ΔlnVO	0.06 (0.04)					
橡胶	ΔlnRER	-3.19** (1.51)					
	ΔlnIND	-0.53 (0.56)	0.32 (0.54)	1.18* (0.64)	0.62 (0.62)	-1.15* (0.66)	
	ΔlnVO						
电线和电缆	ΔlnRER						
	ΔlnIND	0.05 (0.04)	0.06** (0.03)				
	ΔlnVO						
纺织、缝纫产品	ΔlnRER						
	ΔlnIND	-0.85** (0.39)	-0.64 (0.38)	-0.79** (0.35)			
	ΔlnVO	0.09** (0.05)	0.08** (0.04)	0.09*** (0.03)	0.08*** (0.03)	0.04* (0.02)	

续表

产品	变量	Lag order					
		0	1	2	3	4	5
鞋类	ΔlnRER						
	ΔlnIND						
	ΔlnVO	-0.05* (0.03)					
纸张和纸制品	ΔlnRER						
	ΔlnIND						
	ΔlnVO	0.082* (0.04)					
木材和木制品	ΔlnRER						
	ΔlnIND	-1.12** (0.44)	-1.16** (0.47)	-0.66 (0.48)			
	ΔlnVO	0.07*** (0.03)					
化学品	ΔlnRER						
	ΔlnIND						
	ΔlnVO	-0.29** (0.15)	-0.28*** (0.10)				
腰果	ΔlnRER	-1.23 (1.20)	-0.39 (1.19)	-2.25* (1.17)	1.19 (1.15)		
	ΔlnIND	-0.59* (0.31)					
	ΔlnVO						
海产品	ΔlnRER						
	ΔlnIND	-1.19*** (0.38)	-1.52*** (0.41)	-1.18*** (0.41)	-0.96** (0.40)	-3.56*** (1.15)	
	ΔlnVO	-0.06* (0.03)	-0.08*** (0.03)	-0.05** (0.02)			

续表

产品	变量	Lag order					
		0	1	2	3	4	5
照相机及其部件	ΔlnRER	26.28*** (6.66)					
	ΔlnIND						
	ΔlnVO						
计算机及其零件	ΔlnRER	1.66 (1.56)	3.39** (1.58)	3.19** (1.54)	2.51 (1.56)		
	ΔlnIND						
	ΔlnVO						
塑料制品	ΔlnRER	−1.15 (1.30)	1.53 (1.32)	3.07** (1.34)			
	ΔlnIND						
	ΔlnVO	0.05** (0.03)					
橡胶制品	ΔlnRER	0.31 (1.51)	2.72* (1.54)	0.83 (1.56)	−0.59 (1.56)	−4.88*** (1.53)	−3.94** (1.58)
	ΔlnIND						
	ΔlnVO	0.14** (0.06)	0.09 (0.06)	0.11** (0.05)	0.14*** (0.04)	0.08*** (0.03)	
铁、钢	ΔlnRER	−8.16** (3.63)	−5.89 (3.71)	−4.82 (3.68)	0.73 (3.62)	8.51** (3.58)	
	ΔlnIND						
	ΔlnVO						
钢铁制品	ΔlnRER	5.22*** (1.71)	3.42* (1.78)	2.73 (1.68)	2.76* (1.63)		
	ΔlnIND						
	ΔlnVO						

续表

产品	变量	Lag order					
		0	1	2	3	4	5
石油、精炼石油	ΔlnRER	0.71 (4.92)	-0.26 (4.93)	-2.01 (4.95)	2.38 (4.76)	-2.28 (4.66)	-14.92*** (4.66)
	ΔlnIND						
	ΔlnVO	0.21** (0.09)					
纤维、不含纺线	ΔlnRER	2.68 (2.05)	5.71*** (1.96)	4.15** (1.96)			
	ΔlnIND	-0.71** (0.35)	-0.48 (0.32)				
	ΔlnVO						

注：回归系数的标准误差在括号内；***、**和*分别表示1%、5%和10%的显著性水平。

为了处理关于总体数据的估计参数，协整分析表明变量在进口模型上协整，而在出口模型上不协整。因此，表9只报告了进口模型的长期估计系数。首先，研究结果表明，在进口模型中，汇率水平和汇率波动率的系数均不显著，从而表明可能存在总体偏差问题。更具体地说，汇率与来自中国的进口之间不显著的关系可能是导致双边汇率与某些商品（但不是所有商品）出口之间缺乏显著关系的原因（这一点从分解模型的结果中可以看出）。由此可见，汇率不太可能成为促进中越贸易平衡的有效政策工具。

表9 使用总体数据的进出口模型的长期估计系数

	进口模型	出口模型
ΔlnRER	− 2. 2350	（1. 3564）
ΔlnVO	− 0. 0170	（0. 1129）
ΔlnIND	1. 0077 *	（0. 5679）
Constant	3. 8012 *	（1. 9391）
R^2 – observation	0. 5701	90

注：回归系数的标准差在括号内；＊＊＊、＊＊和＊分别表示1%、5%和10%的显著性水平。

其次，进口模型中收入弹性系数为正且显著。这一结果与分解模型的发现一致，意味着越南应该使用财政政策来调整与中国的贸易平衡。这一发现得到了 Phan 和 Jeong（2015）的支持，他们还认为"从长远来看，越南的贸易平衡可以通过调整经济结构来改善，而不是通过货币贬值"[①]。Davies 和 Green（2010）对欧洲转型国家的解释也适用于越南。[②] 这一解释表明，如果一个国家离新兴市场很近，那么由于新兴市场汇率贬值而导致的进口价格变化会更快地传导到国内价格，这将导致汇率对贸易平衡产生不利影响。

对于聚合进口模型的稳定性检验，CUSUM 统计量保持在5%的显著性水平内，而累计平方和偏离了5%的两条临界线之间的区域。因此，可以得出结论，估计系数在2009年1月至2016年12月期间普遍不稳定。换句

① Phan，T. H. & Jeong，J. Y. "Vietnam trade balance and exchange rate：Evidence from Panel Data Analysis"，*Journal of Applied Economics & Business Research*，Vol. 5，No. 4，2015.

② Davies，H. & Green，D. *Banking on the future：The fall and rise of central banking*，Princeton University Press，2010.

话说，在研究期间，实际汇率、收入和从中国进口之间的关系是不稳定的。

结　语

综上所述，本实证研究采用 ARDL 方法，利用 2009 年 1 月至 2016 年 12 月的月度总体和非总体数据，考察了实际汇率（包括汇率水平和汇率波动率的变化）对中—越双边贸易的影响。在非总体数据方面，9 种进口商品和 9 种出口商品的汇率水平具有统计意义。结果还表明，从长期来看，出口对实际汇率水平比进口更敏感，而汇率波动对进口商品的影响大于出口商品。就总体数据而言，结果表明，没有证据表明汇率与双边贸易（包括出口和进口）之间存在关联。最后，利用总体和非总体数据分析发现，越南的收入在决定从中国的进口方面起着重要作用。

本文证明了越南和中国之间的双边实际汇率与出口和进口的联系较弱。此外，对两国贸易结构的分析表明，越南主要向中国出口初级产品和农产品，进口附加值较高的产品，如机器、设备和中间产品。这一结果在一定程度上反映了越南经济对中国市场和商品的依赖，对中国市场和商品而言，汇率对许多商品的影响很小，甚至根本没有影响。因此，为了改善贸易平衡，减少对中国贸易的依赖，越南应进一步扩大其国际贸易关系，使出口和进口商品多样化。尤其应该将邻近且经济往来密切的东盟国家作为优先目标。此外，国家应通过鼓励国内商品的消费和支持国内公司的生产来加强其经济实力，使国内经济减少对外国市场的依赖。

Impact of Exchange Rate on Vietnam – China Bilateral Trade：Findings from ARDL Approach

Pham Anh Tuan　Tran Thi Ha　Nguyen Manh Hung

Abstract　Using Autoregressive Distributed Lag（ARDL）methodology with both aggregate and disaggregate data，the purpose of this study is to examine the effects of the VND/CNY exchange rate（including exchange rate level and volatility) on trade flows between Vietnam and China. In the disaggregate models, the long – run results indicate that nine import commodities (accounting for approximately 28. 67% of the total import value) are sensitive to changes in the real exchange rate level, and nine export commodities (accounting for approximately 39. 15% of the total export value) also respond to changes in the exchange rate level. Most of the unaffected commodities are raw, intermediate, and simply processed products. In addition, the results of the aggregate model indicate that there is no statistical evidence of any linkage between the exchange rate and trade (exports and imports) . In other words, the exchange rate is unlikely to be an effective tool to improve the trade balance between Vietnam and China. This would contribute towards the empirical argument for effective coordination between the monetary and trade policy of Vietnam.

Key Words Trade; Deficit; Exchange Rate; Import; Export; China; Vietnam; Autoregressive Distributed Lag

Authors Pham Anh Tuan, Institute of World Economics and Politics, Vietnam Academy of Social Sciences, Ph. D. , Deputy Director General; Tran Thi Ha, Department of International Economics, Institute of World Economics and Politics, Vietnam Academy of Social Sciences, Ph. D. , Senior Researcher; Nguyen Manh Hung, Ho Chi Minh National Academy of Politics, Associate Professor, Ph. D. , Senior Researcher.

澜沧江—湄公河流域教育减贫研究

庭庭其（著）　　农俊怡（译）*

【摘要】澜沧江—湄公河合作（LMC）旨在发展中国与湄公河五国的社会
经济，缩小地区发展差距，促进地区国家之间的合作。2017 年，澜
沧江—湄公河流域的人类发展指数偏低，分别为泰国 0.755，老挝
0.601，越南 0.694，柬埔寨 0.582，缅甸 0.578。为了缩小差距、减
少贫困，本地区正致力于通过联通基础设施，促进交通领域和农业
领域以及水资源领域的合作。本文将从教育角度呈现澜湄地区的减
贫情况。该地区居民与来自中心城市地区的居民相比并不富裕，但
是教育可以解决这一问题，因为教育是发展的强大驱动力，更是削
减贫困，提高居民健康，促进性别平等以及维持区域和平稳定的强
有力工具之一。

【关键词】减贫；教育；澜沧江—湄公河地区；缩小差距

【作者简介】庭庭其（Thin Thin Kyi），缅甸曼德勒大学国际关系学系，博
士、讲师。

　　澜沧江—湄公河流域是亚洲最具潜力的地区之一。澜沧江与湄公河，
名字相异却所指相同。这条河流发源于中国青藏高原的青海省玉树地区，
流经中国和中南半岛。在中国境内被称澜沧江，流经青海、西藏和云南三
省，在云南省出境后被称为湄公河，流经缅甸、老挝、泰国、柬埔寨和越

---

　　* 农俊怡，澳门大学社会科学院，硕士研究生。

南五国。河流全长 4880 千米，流域全境 795000 平方千米，滋养人口共计 326 万人。位于下游地区的湄公河五国总人口共计 230 万，国内生产总值共计 6000 亿美元，年均增长率接近 7%。①

澜沧江—湄公河为世界第 12 大河流，自源头拉萨贡玛泉蜿蜒流淌 4909 千米至湄公河三角洲汇入南中国海。湄公河及其支流为沿岸 6000 万人提供了食物、水源来源，并满足着他们日常生活中其他方面的需求。澜沧江—湄公河的沿岸六国文化相通，睦邻友好传统悠久，在安全与发展方面联系紧密。② 2016 年 3 月 23 日，澜湄合作首次领导人会议在中国海南省三亚成功召开。会议以"同饮一江水，命运紧相连"为主题，发布了旨在打造共同繁荣的澜湄国家命运共同体的《澜沧江—湄公河合作首次领导人会议三亚宣言》（以下简称《三亚宣言》），正式启动澜湄合作机制，③有利于促进成员国经济社会发展，缩小发展差距，促进中国与五个成员国之间的全面合作。

澜湄合作将在领导人框架内进行全方位合作，遵循政府引导、多方参与和以项目为导向的模式，旨在于澜湄国家之间建立一个和平繁荣的命运共同体以及合作共赢的新型国际关系典范。④《三亚宣言》提出了澜湄合作的三大支柱和五大优先领域。三大支柱包括政治安全、经济和可持续发展、人文交流，五大优先领域是指互联互通、产能合作、跨境经济合作、水资源合作以及农业和减贫合作。⑤

本文将介绍澜沧江—湄公河地区的教育减贫工作，聚焦如何通过教育减少区域贫困。由于区域内国家的中央政府曾经忽视流域地区的发展，故该地区仍处于欠发达状态，基础设施、医疗卫生体系薄弱，教育水平、生活水平低下，流域地区内的居民相较于城市居民更难言富裕。但是上述问题是可以通过教育解决的，因为教育是强大的发展驱动力，是削减贫困、改善健康、促进性别平等以及维持地区和平稳定的最强有力的工具之一。

在过去的 10 年里，教育减贫工作的成果显著，越来越多的儿童得以接

---

① ③ "A Brief Introduction of Lancang – Mekong Cooperation", *Lancang – Mekong Cooperation China Secretariat*, December 13, 2017, http://www.lmcchina.org/eng/gylmhz_1/jj/t1519110.htm, 登录时间：2019 年 1 月 16 日。

② ④ ⑤ "Mekong Countries Look to Bolster Cooperation", Chinadialogue.net, May 4, 2018, https://www.chinadialogue.net/article/show/single/en/10559 – Mekong – countries – look – to – %20bolster – cooperation，登录时间：2019 年 1 月 16 日。

受学校教育，尤其是女童的入学率得到了提高。但是，许多低收入国家依然与联合国拟定的 2015 年千年发展目标相脱节。此外，即使其中有些儿童完成了学校教育，却也无法因此获得基本的知识和生存技能。在劳动力市场对技术工人要求越来越高的当下，贫穷的恶性循环依然在延续。①

全球教育有六种减贫方式，若每个人享有同等教育水平，则因工作造成的贫富差距将缩小 39%。根据全球教育伙伴（GPE）研究，"若所有的孩子都能享有学习机会，则到 2050 年低收入国家的人均国内生产总值将会提高近 70%"。根据联合国教科文组织（UNESCO）的数据，个人每多接受一年正规教育，则其收入会增加 10%。全球教育伙伴的研究显示，每在学校教育额外投入 1 美元，能为低收入国家增加 5 美元的收入，在中低收入国家则能增加 2.5 美元。事实证明，妇女在正规学校教育中所获的回报更高，而无法为女性提供适当教育的国家则会在经济增长中损失约 920 亿美元。例如，在农村地区，女孩每天有 15 个小时用于为家人取水。若包括女孩在内的每个人都能接受与健康与用水卫生相关的教育，当地的水源卫生水平则能得到提高。世界上最危险的国家往往是最贫穷的国家。据联合国教科文组织的研究，教育还能促使人们参加民主进程、行使公民权利。②

据联合国教科文组织统计，每年仅需要 160 亿美元的援助便能帮助所有低收入国家的儿童入学接受教育。全球教育的目标是可以实现的，这不仅能改变个人命运，甚至可以挽救生命。在 2010 年，发展中国家约有 21% 的人口人均消费不足 1.25 美元/日，在 1990 年这一比例为 43%，而 1981 年则为 52%。时至今日，仍有 10 亿人生活在赤贫之中，还有更多的人面临饥饿、环境问题以及物价上涨等窘境。此外，营养不良仍是当今世界公共卫生所面临的最严峻的挑战之一，发展中国家将近 1/3 的儿童体重不足或发育不良。在所有儿童死亡案例中，由营养不良引起的将近 1/3。世界银行组织正致力于与国际社会合作，在一代人的时间内消除极端贫困、提高身处于每个国家最底层的 40% 居民的收入。粮食安全是实现这一

---

① "Poverty Reduction: How and Where We Work", The World Bank, February 19, 2013, https://www.worldbank.org/en/news/feature/2013/02/05/povertyreductioninpractice, 登录时间：2019 年 1 月 16 日。

② "Six Ways Global Education Would Reduce Global Poverty", The Borgen Project, November 13, 2017, https://borgenproject.org/six-ways-global-education-reduce-poverty/, 登录时间：2019 年 1 月 16 日。

目标的关键，世界银行组织拟提升农业融资规模至每年 80～100 亿美元，并以多种方式努力提高农业生产力和应对气候变化的能力。[①] 2017 年，湄公河流域国家的人类发展指数如下：泰国为 0.755，老挝为 0.601，越南为 0.694，柬埔寨为 0.582，缅甸为 0.578。[②]

区域国家正在着手加强域内基础设施互联互通以缩小地区差距和减少贫困。昆曼公路的开通、中老铁路的奠基以及中泰铁路倡议标志着泛亚铁路中线联通六国的基本理念。当前六国的航空运输发展势头良好，增开的航线越来越多。多样化的交通方式将为商务旅行提供便利，而澜沧江—湄公河一日生活圈现在不再只是梦想。例如，已经开通的中国昆明到越南河内的直飞航线将两地行程缩短至 1 个小时左右。[③]

澜湄合作将发展跨境经济，加强产能合作，优势互补，通过建设产业园区，构建跨境产业集群和产业链。在这种情况下，中国可以充分利用铁路、电力、电子、能源、机械等众多领域的优势，帮助湄公河沿岸国家实现产业升级。越南龙江工业园、老挝万象赛塞塔综合开发区、柬埔寨西哈努克港经济特区、泰中罗勇工业园是六国跨境经济合作示范项目，更是商业投资和发展的成功范例。[④]因此，合作可以创造大量就业机会，提高居民收入和生活水平。

澜湄合作最初目的为水资源共享，区域国家也将开展相应的水资源合作：科学开发澜沧江—湄公河水电资源，建立澜沧江—湄公河水资源合作中心，共享信息和数据，共同保护沿江生态资源，为沿岸居民提供更好的生活。

域内六国均为农业国，农业是其经济发展、农民就业和农村扶贫的重要因素之一。中国与湄公河国家在农业种植、品种选育、农业技能培训、农产品贸易等方面开展了合作，取得了丰硕成果。来自中国的优质高产杂交水稻和来自湄公河国家的新鲜热带水果在区域内家喻户晓，充分融入了

---

① "Millennium Development Goals: Eradicate Extreme Poverty and Hunger by 2015", The World Bank, http://www5.worldbank.org/mdgs/poverty_ hunger.html，登录时间：2019 年 1 月 16 日。

② "ASEAN Statistical Yearbook 2018", *The ASEAN Secretariat*, December 2018.

③④ "Five Features of Lancang - Mekong River Cooperation", *Ministry of Foreign Affairs of the People's Republic of China*, March 17, 2016, https://www.fmprc.gov.cn/mfa_ eng/zxxx_ 662805/t1349239.shtml，登录时间：2019 年 1 月 16 日。

当地人民的生活。① 因此六个国家的农业领域在合作之中得以提升，并促进了地区减贫。

合作应深入人心、促进民间交流。区域六国均拥有丰富的旅游资源，从泰国的群岛到柬埔寨的吴哥窟均受到中国游客的喜爱。同时，越来越多的湄公河国家人民也赴华旅行。旅游业是六国间人文交流的强劲驱动力。澜沧江—湄公河合作将进一步促进文化、青年、体育等方面的交流，开展澜沧江—湄公河艺术节、青年专业人才培养交流等活动。②

为凝聚青年智慧和力量，支持可持续发展，2016 年以来，来自中国、泰国、老挝、缅甸、越南以及柬埔寨六个澜沧江—湄公河国家的 100 多名大学生开展了青年交流访问。由中国政府主办、六国联合举办的文化教育交流项目已被纳入澜湄合作框架，中国在 2015 年启动了促进多边合作和区域一体化的倡议。③

早在澜湄合作之前，中国已与其他五国建立了战略合作伙伴关系。中国是柬埔寨、缅甸、泰国和越南的最大贸易伙伴，是柬埔寨、老挝、缅甸的最大投资者。根据中国政府统计，2015 年，中国与其他五国的贸易总额达到 1939 亿美元（约合人民币 1.2 万亿元）。澜湄合作是六国在湄公河次区域发起的第一个多边合作机制。其他经济机制涉及包括美国和日本在内的域外参与者。为提高效率，弥合分歧与潜在冲突，澜湄合作分别设有工作组、高级官员、外交部长以及领导人四个级别的会议机制。到目前为止，澜湄合作已经促成了三次领导人会议、三次外长会议、五次高级官员会议和六次工作组会议。

根据澜湄合作框架，中国承诺提供高达 100 亿元人民币（约合 16 亿美元）的优惠贷款和总计 100 亿元人民币的信贷贷款，用于支持澜湄地区基础设施建设和产能合作项目。此外，中国承诺将在湄公河地区优先使用 2

---

① "Five Features of Lancang – Mekong River Cooperation", *Ministry of Foreign Affairs of the People's Republic of China*, March 17, 2016, https：//www.fmprc.gov.cn/mfa_eng/zxxx_662805/t1349239.shtml, 登录时间：2019 年 1 月 16 日。

② "A Brief Introduction of Lancang – Mekong Cooperation", *Lancang – Mekong Cooperation China Secretariat*, December 13, 2017, http：//www.lmcchina.org/eng/gylmhz_1/jj/t1519110.htm, 登录时间：2019 年 1 月 16 日。

③ "Mekong Countries Look to Bolster Cooperation", Chinadialogue.net, May 4, 2018, https：//www.chinadialogue.net/article/show/single/en/10559 – Mekong – countries – look – to – %20bolster – cooperation, 登录时间：2019 年 1 月 16 日。

亿美元（约合人民币 12 亿元）南南合作援助基金；成立澜湄合作专项基金，5 年内提供 3 亿美元（约合 19 亿元人民币）支持六国提出的中小型合作项目。①

澜湄合作还建立了一些模范项目。2016 年，澜湄合作首次领导人会议确定了 45 个"早期收获"项目。至 2017 年底，这些项目得以实施。据中国社会科学院（CASS）亚太与全球战略研究院资深研究员许利平说，在这 45 个项目中，有些是已经开展的关乎当地民生的项目，而有些是之前已有的项目，如中老跨境铁路和当地发电站。通过澜湄合作机制，一些被暂停的基础设施项目得以顺利推进。

澜湄合作为解决一些悬而未决的域内双边问题提供了一个新的解决路径，其中就包括曾经被暂停的密松大坝项目。

位于缅甸北部的密松大坝项目是一个由中国投资者参与的联合项目，该项目曾在缅甸引起争议，并因政治和社会原因被缅甸政府于 2011 年搁置。项目暂停在一段时间内影响了中缅两国官方和民间的沟通交流。随着两国关系的改善，双边对话和项目在过去几年中得以恢复。除了与缅甸地方政府保持接触外，中国企业近年来表现出更大的意愿倾听当地社区的意见，并与当地非政府组织进行对话。

2017 年，中国国家发展和改革委员会委托全球环境研究所（GEI）通过其既定的区域渠道，实施南南合作援助基金，包括在缅甸发放太阳能电池板和清洁炊具。该项目效果显著。"很明显，区域项目能否有效实施取决于当地人民对中国及中国企业的印象和认可"。一个有效的多边机制可以让更多例如泰国和越南这样的利益相关者参与投资，让被暂停的项目有机会重新启动。

一个有效的水资源合作机制，对于实现公平、合理解决水资源纠纷，应对下游旱涝灾害的负面影响也至关重要。澜湄合作推动了水资源研究中心的建立，以促进成员国之间的河流流量信息共享和水资源协调分配。

近年来，中国表示愿意与邻国分享河流的水文信息，并与共享水资源

---

① "Opinion：Lancang – Mekong Cooperation Promotes Regional Development"，CGTN，September 25，2018，https：//news. cgtn. com/news/3d3d774e304d444e7a457a6333566d54/share_ p. html，登录时间：2019 年 1 月 16 日。

的邻国建立合作关系。这一点至关重要，因为湄公河迫切需要开展有意义的合作，让河岸所有国家都参与进来，优先保护环境和河流流域社区的人权。

自 2015 年底到 2016 年初，越南、柬埔寨和泰国因厄尔尼诺天气事件遭受严重干旱。2016 年 3 月，根据澜湄合作机制成员国的要求，中国开闸放水，缓解了湄公河下游国家的严峻形势。① 湄公河地区是各多边机制关注的热点。除澜湄合作外，其他域外国家如美国、日本、韩国、印度也在湄公河下游国家建立了具有竞争力的合作机制。

澜湄六国领导人批准了《澜沧江—湄公河合作五年行动计划（2018 - 2022）》，表明该机制业已成熟，有着明确可行的行动计划。在未来 5 年，机制的关键是要把六个成员国的努力结合起来，同时避免域外国家的干预；在机制推进过程中还要减少柬埔寨、越南、泰国等转型国家政治不确定性因素。②

通过协同中国的 "一带一路"、《2025 年东盟共同体愿景》和《东盟互联互通总体规划 2025》的实施以及其他湄公河次区域合作机制的设想，澜湄合作正以其受到南南合作启发和内部力量塑造的独特性朝着新型次区域合作机制迈进。这将极大地促进东盟共同体的建设和区域一体化进程，并推动联合国《2030 年可持续发展议程》。

中国是唯一对澜沧江—湄公河合作机制（LMCM）提出明确愿景的国家。该机制通过建立和促进中国主导的合作机制，满足中国向本地区扩大影响力的意愿。同时，澜湄合作还能满足中国国内的发展需要，解决其产能过剩问题和推动中国西部地区的经济发展。机制也符合区域内国家的具体政治利益。③ 尽管合作倡议有利于湄公河流域国家的全面合作，但是也给下游国家带来一些潜在的风险，如中国经济主导地位导致的经济依赖、采取货币政策的能力减弱、对中国负债的可能性上升、中国劳工引入、失

---

①② "Mekong Countries Look to Bolster Cooperation", Chinadialogue. net, May 4, 2018, https: // www. chinadialogue. net/article/show/single/en/10559 – Mekong – countries – look – to – % 20bolster – cooperation，登录时间：2019 年 1 月 16 日。

③ "Issues & Insights Vol. 18, WP1 – The Lancang – Mekong Cooperation Mechanism (LMCM) and Its Implications for the Mekong Sub – region", *Pacific Forum*, January 22, 2018, https: // www. pacforum. org/analysis/issues – insights – vol – 18 – wp1 – lancang – mekong – cooperation – mechanism – lmcm – and – its – implications，登录时间：2019 年 1 月 16 日。

业率上升，以及环境恶化等诸多问题。①

　　缅甸承认湄公河—澜沧江合作是一个合作组织，能进一步维系东盟共同体并使其工作得到有效的推进落实。人文交流在建立和谐共处的共同体中的作用至关重要，这需要域内国家文化教育部门和专家们的共同努力。此外，澜湄合作第二批共 214 个项目将造福湄公河国家人民。缅甸副总统承诺今后将积极参与澜湄合作，努力维护友谊、睦邻友好、互信互利。②

结　语

　　澜湄合作深化了六个成员国的睦邻友好和务实合作，促进了六国经济社会发展，为澜沧江—湄公河流域经济开发区建设做出了贡献。澜湄合作就像一个引擎，引领着成员国的合作。中国如今是柬埔寨、缅甸、泰国和越南的最大贸易伙伴，是老挝的第二大贸易伙伴。2017 年，中国与这五个国家的贸易总额约为 2200 亿美元，比上年增长 16%。

　　截至 2017 年底，中国在这五个国家的投资总额超过 420 亿美元，同比增长 20%。自 2016 年 3 月举行澜湄合作首次领导人会议以来，中国已向这五个国家新开通了 330 多个航班，2017 年，人员往来达到 3000 万人次。澜湄合作已成为当前亚洲最具活力的合作机制之一。

　　然而，该双、多边合作还存在复杂性和局限性。澜湄合作还需要平衡区域发展、环境保护、筹集资金和人力资源以支持更多项目，此外还需面对美国等域外大国的影响与挑战。

---

① "Issues & Insights Vol. 18, WP1 – The Lancang – Mekong Cooperation Mechanism（LMCM）and Its Implications for the Mekong Sub – region", *Pacific Forum*, January 22, 2018, https：//www. pacforum. org/analysis/issues – insights – vol – 18 – wp1 – lancang – mekong – cooperation – mechanism – lmcm – and – its – implications, 登录时间：2019 年 1 月 16 日

② "Lancang – Mekong Cooperation Agrees Implement 10 Projects in Myanmar", *Myanmar Business Today*, https：//www. mmbiztoday. com/articles/lancang – mekong – cooperation – agrees – im-plement – 10 – projects – myanmar, 登录时间：2019 年 1 月 16 日。

The Study of Poverty Reduction on Lancang – Mekong Region through Education

Thin Thin Kyi

Abstract　Lancang – Mekong Cooperation （LMC） was formed to promote the economic and social development gaps and upgrade overall cooperation between China and five members of the LMC. Human Development Index ratio is low in LMC region such as Thailand 0. 755, Lao PDR 0. 601, Vietnam 0. 694, Cambodia 0. 582 and Myanmar 0. 578 in 2017. To bridge the gap and reduce the poverty in the region, infrastructure connectivity, transportation sector, water resource cooperation, and agricultural sector are being promoted. This paper will be presented on poverty reduction in LMC region through education because those areas could not be reached from the central. Moreover, people from those areas are not rich enough compare to the people from the city center. It can be solved through education because it is a powerful driver of development and one of the strongest instruments for reducing poverty, health, gender equality, peace and stability.

Key Words　Poverty Reduction; Education; Lancang – Mekong Region; Bridge the Gap

Author　Thin Thin Kyi, Department of International Relations at University of Mandalay, Myanmar, Ph. D. and Lecturer.

国别研究
Country Studies

老挝北部农村的受教育程度和减贫：一种基尼系数分解和有序 Probit 回归的分析方法

潘帕科特·温潘达拉　布阿顿·盛堪考拉旺（著）

王海峰　蓝珊珊　杨子璇（译）*

【摘要】本文主要研究教育进步对老挝北部地区农村发展的影响。通过使用北部农村基础设施发展部门项目数据集进行实证研究，发现教育对减贫有显著作用，家庭所达到的教育水平越高，摆脱贫困的概率也就越大。研究还发现，在99%的显著水平上，在老挝，农业生产不仅使成为贫困家庭的概率降低了7%，还将成为富裕家庭的概率提高了1.5%。丰沙里、琅南塔、乌多姆塞和博胶老挝四省通过与中国投资者签署订单农业可以缩小省内收入差距。此外，研究结果对老挝教育和农业部门推动农村发展具有指导性意义。

【关键词】教育；减贫；订单农业；农村；老挝

【作者简介】潘帕科特·温潘达拉（Phanhpakit Onphanhdala），老挝国家经济研究所企业发展与国际一体化中心，副教授、博士、主任；布阿顿·盛堪考拉旺（Bouadam Sengkhamkhoutlavong），老挝国立大学亚洲研究中心，博士、副主任。

减贫是联合国2030年可持续发展议程的首要目标。许多国家和老挝一样，一直在努力减少贫困。老挝是世界上经济增长最快的国家之一，在过

＊　王海峰，广西大学国际学院，讲师、博士；蓝珊珊、杨子璇，广西大学国际学院，学生。

去 10 年中，老挝经济年平均增长 7.4%[1]。然而，老挝有 700 多万人口，减贫进程却滞后于经济增长的步伐。根据世界银行和亚洲开发银行的报告，老挝处于国家贫困线上的贫困人口比例仅从 2007 年的 27.6% 降至 2012 年的 23.4%。老挝经济发展不平等，大多数贫困家庭生活在基础设施落后的农村地区，一般而言，中部地区的人均 GDP 远远高于北部地区。2018 年，最富裕的万象人均 GDP 是老挝北部地区丰沙里、琅南塔、乌多姆塞和博胶的人均 GDP 的 3 倍。

贫困不仅是缺乏资金的问题，还体现在许多方面，如寿命缩短、文盲、社会排斥和缺乏改善家庭环境的物质手段[2]。为了改善人们的生活，许多研究表明，提高受教育程度有助于降低贫困率，在增加就业机会和收入方面起着重要作用。有研究表明，教育对农业生产力有积极的影响。Birdsall[3] 发现，受教育四年以上的农民使用化肥等现代化农业工具的可能性是受教育程度较低的农民的 3 倍，该结果在泰国得到了证实。尼泊尔一项类似的研究发现，接受过至少 7 年教育的农民可以将小麦产量提高 25%，将稻米产量提高 13%[4]。老挝北部地区的小农可以通过出售农产品来维持合理的收入，并有足够的手段来改善他们的家庭环境。换句话说，他们可以从自给自足的农民转变成为创业型农民。

近年来，老挝北部和中国之间出现了订单农业（Contract Farming）和跨境农业综合企业。订单农业是指买方与农民就促进农业生产达成协议。订单农业不仅使买方对生产享有更大的控制权，而且为农民提供了潜在的、更稳定和更高的收入。因此，抓住贸易机会的老挝农民参与了中国投资者的跨境承包经营。就中国经济过去十年来在购买力方面的崛起而言，中国是世界上最大的经济体，也是东盟、老挝等国的重要合作伙伴。

---

① "Poverty Headcount Ratio at National Poverty Lines（% of population）", World Bank, 2019, https: //data. worldbank. org/indicator/SI. POV. NAHC? locations = LA，登录时间：2019 年 3 月 20 日。

② Omoniyi, M. B. I. "The Role of Education in Poverty Alleviation and Economic Development: A Theoretical Perspective and Counselling Implications", *British Journal of Arts and Social Sciences*, Vol. 15, No. 2, 2013, pp. 176 – 185.

③ Birdsall, N. "Social Development in Economic Development", World Bank Policy Research Working Papers, WPS 1123, Washington DC, 2003.

④ Jamison, D. & Moock, P., "Farmer Education and Farmer Efficiency in the Nepal: The Role of Schooling", *World Development*, Vol. 42, No. 3, 2004, pp. 205 – 218.

中老跨境农业综合企业在老挝北部经济转型中发挥了重要作用。农业生产形式从自给自足向高附加值商业农业的转变增加了小农的收入。老挝出口中国的主要农产品有香蕉、辣椒、大白菜、玉米、花生、南瓜、洋葱、大米、甘蔗、西瓜和橡胶制品。农产品出口额从 2011 年的约 1400 万美元增加到 2017 年的 2.6 亿美元[1]。有报告显示，2016 年，老挝—云南（中国）跨境贸易达到 5.13 亿美元，其中超过一半是农产品贸易。老挝要抓住机遇，进入中国市场，从农业综合经营中获取更多利润，提高人民生活水平。

本文使用最近收集的来自北方农村基础设施发展部门项目（Northen Rural Infrastructure Development Sector Project，下文简称"NRI 项目"）的数据来估计受教育程度对老挝北部地区家庭减贫的影响。研究显示，教育还可能缩小地区的收入差距，使老挝小农受益，对减贫具有建设性意义。本文结构如下：第一部分回顾了教育在经济增长和减贫中的作用，同时，列举了关于订单农业和收入不平等的观点；第二部分描述了数据和研究方法；第三部分分析了实证结果；第四部分就结果展开讨论。

一、文献综述

（一）教育成就和减贫

许多研究表明，教育是减贫的关键。受教育人口可以提高生产力，是积累国家财富的生产资源。因此，增加教育支出以增加具有生产力的人口十分重要[2]。教育在创造就业机会方面起着重要作用。教育提高了个人的就业层次，增加了工资上涨的机会，改善了人们的生活水平。Majumder 和 Biswas[3] 在孟加拉国进行的一项研究证实，受过小学及以上教育的个人更

---

① "International Merchandise Trade Statistics (IMTS): ASEAN Stats Data Portal", *ASEAN Secretariat*, 2019, https://data.aseanstats.org/trade, 登录时间：2019 年 3 月 4 日。

② Mtey, K. P. F. & Sulle, A., "The Role of Education in Poverty Reduction in Tanzania", *Global Advanced Research Journal of Educational Research and Review*, Vol. 2, No. 1, 2013, pp. 6 – 14.

③ Majumder, S. & Biswas, S. C., "The Role of Education in Poverty Alleviation: Evidence from Bangladesh", *Journal of Economics and Sustainable Development*, Vol. 8, No. 20, 2017, pp. 151 – 160.

有可能摆脱贫困。这一结果与 *Njong*[1]、Awan 等[2]、Mtey 和 Sulle[3]、Mihai 等[4]和 Pervez[5] 的研究结果相符。

就老挝而言，受教育程度在工资方面起着关键作用。通过使用明瑟收入函数，Onphanhdala 和 Suruga 在 2006 年、2007 年和 2015 年对教育回报进行了估计[6]。结果显示，1992～1993 年，完成高中教育的工人工资增长了 23.5%。2002～2003 年，拥有学士学位及以上的工人在私营部门和公共部门中的月收入分别增加了 60% 和 36%。2007～2008 年，拥有职业教育学位的工人的月工资增加了 14%，高中以上学历的工人工资增加了 16%，拥有学士学位的工人工资增加了 50%。综上所述，教育可以增加加薪的机会，改善家庭境况。

还有一些研究认为，教育在农村发展中没有发挥重要作用，尤其是在伊朗的穷人中[7]。这主要是由于农村受教育人口向城市流动、缺乏相应的教学资源和课程设置、缺乏相应的技能师资等造成的，不是因为穷人不想上学。换句话说，教育和贫困是负相关的。在肯尼亚，贫困程度越高，文盲越多，入学率更低且辍学率更高。如果教育质量差，教育成本高，那么穷人比富人更难接受教育[8]。

（二）对老挝订单农业的经验研究

乌多姆赛、博胶、琅南塔和丰沙里省位于老挝人民民主共和国北部高

---

[1] Njong, A. M., "The Effects of Educational Attainment on Poverty Reduction in Cameroon", *Journal of Education Administration and Policy Studies*, Vol. 2, No. 1, 2010, pp. 1 - 8.

[2] Awan, M. S., Malik, N., Sarwar, H. & Waqas, M., "Impact of Education on Poverty Reduction", *International Journal of Academic Research*, Vol. 3, No. 1, 2011, pp. 659 - 664.

[3] Mtey, K. P. F. & Sulle, A., "The Role of Education in Poverty Reduction in Tanzania. Global Advanced", *Research Journal of Educational Research and Review*, Vol. 2, No. 1, 2013, pp. 6 - 14.

[4] Mihai, M., Titan, E. & Manea, D., "Education and poverty", *Procedia Economics and Finance*, Vol. 32, 2015, pp. 855 - 860.

[5] Pervez, S. "Role of Education in Poverty Elimination in Pakistan with Special Reference of South Punjab", *International Journal of Innovation and Applied Studies*, Vol. 17, No. 1, 2016, pp. 70 - 73.

[6] Onphanhdala, P. and T. Suruga, "Education and Earnings in Lao: Regional and Gender Differences", *Graduate School of International Cooperation Studies Working Paper Series*, No. 4, 2006, Kobe: Kobe University; Onphanhdala, P. and T. Suruga, "Education and Earnings in Transition: The Case of Lao", *Asian Economic Journal*, Vol. 21, No. 4, 2007, pp. 405 - 424; Onphanhdala, P. and T. Suruga, *Education Demand in Development: Investment in Education and the Labor Market over the Transition of Laos*, Kobe: Kobe University, 2015.

[7] Aref, A., "Perceived Impact of Education on Poverty Reduction in Rural Areas of Iran", *Life Science Journal*, Vol. 8, No. 2, 2011, pp. 498 - 501.

[8] Morrisson, C., *Health, Education and Poverty Reduction*, Paris: OECD Development Centre, 2002.

地地区，与中国和缅甸接壤。除此之外，老挝北部地区还包括华潘省、川圹、沙耶武里和琅勃拉邦等省。该地区地形复杂，有山地、丘陵和平原，民族多样化，人口密度较低，公共基础设施不完善，基础教育和医疗水平低，依赖传统的轮歇农业系统和森林利用。

在农村地区，政府希望通过完善交通网络和改善农村人民的生活条件来缩小城乡之间的差距，将优先瞄准全国 47 个非常贫困的地区，其中 32 个位于北部高地。农业部门的目标是以高附加值生产和加工的创新技术和实践为基础，迎合国内和国际市场，将农业部门转变为一个兴旺发达的部门。此外，政府部门还致力于减少不同民族间的不平等现象。

订单农业被视为私营部门参与投入、信贷、技术提高、信息获取和进入市场的一种形式。发展中国家已经有许多关于订单农业利弊的研究。许多研究表明，订单农业在收入、就业和农村发展方面对农民产生积极影响①。另外，一些研究指出订单农业对社区和环境有消极影响②。

表 1 显示了老挝过去关于订单农业的研究，总结了目标作物、投资

---

① Key, N. and D. Runsten, "Contract Farming, Smallholders, and Rural Development in Latin America: The Organization of Agroprocessing Firms and the Scale of Outgrower Production", *World Development*, Vol. 27, No. 2, 1999, pp. 381 - 401; Eaton, C. and W. A. Shepherd, "Contract Farming Partnerships for Growth", *Agricultural Services Bulletin*, No. 145, 2001; Reardon, T. and J. Berdegué, "The Rapid Rise of Supermarkets in Latin America: Challenges and Opportunities for Development", *Development Policy Review*, Vol. 20, No. 4, 2002, pp. 371 - 388; Patrick, I., *Contract Farming in Indonesia: Smallholders and Agribusiness Working Together*, Canberra: Australian Centre for International Agricultural Research, 2004; Sautier, D., H. Vermeulen, M. Fok and E. Biénabe, *Case Studies of Agri - Processing and Contract Agriculture in Africa*, Latin American Center for Rural Development, 2013; Songsak S. and W. Aree, "Overview of Contract Farming in Thailand: Lessons Learned", *Asian Development Bank Institute Discussion Paper*, No. 112, 2008, pp. 1 - 17; Setboonsarng, S., P. Leung, and A. Stefan, "Rice Contract Farming in Lao PDR: Moving from Subsistence to Commercial Agriculture", ADBI Discussion Paper, No. 90, 2008, pp. 1 - 24.

② Coulter J., A. Goodland, A. Tallontire, and R. Stringfellow, "Marrying Farmer Cooperation and Contract Farming for Service Provision in a Liberalising Sub - Saharan Africa", *Natural Resource Perspectives*, No. 48, 1999, pp. 1 - 4; Guo, H., R. W. Jolly, and J. Zhu, "Contract Farming in China: Supply Chain or Ball and Chain?", *Paper Presented at the Minnesota International Economic Development Conference*, University of Minnesota, 29 - 30 April 2005, https://www.ifama.org/events/conferences/2005/cmsdocs/1151_Paper_Final.pdf, 登录时间：2019 年 3 月 3 日；Delforge, I, "Contract Farming in Thailand: A View from the Farm", *A report for the Focus on the Global South*, 2007, pp. 1 - 24; Isan Alternative Agriculture Network, "'Contract Farming': Contract under the Capitalist and Its Effects", 2008, http://www.esaanvoice.net/esanvoice/know/show.php? Category = topreport&No = 1850, 登录时间：2019 年 3 月 3 日。

者和研究领域。虽然也存在部分泰国投资者，但中国是老挝北部地区农业领域的主要投资者，且订单农业发展迅速。研究表明，发展综合农业经营强调短期收入，造成了更大的收入差距，但长期收入似乎更稳定和可持续。

表1　老挝民主共和国过去关于订单农业的研究

作者	目标作物	投资者	研究领域
Setboonsarng 等（2006） Setboonsarng 等（2008） Erikson（2011）	有机大米	老挝/日本	万象省
Diana（2008）	5 种作物	中国	琅南塔省
Zola（2008）	卷心菜、咖啡	泰国	占巴塞省
Fullbrook（2007） Fullbrook（2011）	5 例 11 例	中国和泰国	5 省份 6 省份
Manorom 等（2011）	卷心菜、玉米、甘蔗	中国和泰国	3 省份
Phoumanivong 和 Ayuwat（2013）	甘蔗	泰国	沙湾拿吉
Sturgeon（2013）	橡胶	中国	琅南塔省
NERI（2014）	香蕉、木薯、玉米	中国和泰国	4 省份
Suruga 等（2015）	烟草、南瓜	中国	乌多姆赛省
Chavanapoonphol 和 Somjana（2018）	玉米	泰国	3 省份

资料来源：作者根据文献综述整理。

（三）关于收入不平等和订单农业的研究

在以农业为人们生活重心的发展中国家，收入不平等是发展过程中最令人担忧的问题。关于农业对收入不平等的影响有很多争论。土地和农场是农村的重要部分，也是农业生产的关键要素。许多研究表明，农业收入通过订单农业被分配给小农中的高收入群体，还有一些研究人员认为农业收入起着相反的作用。他们的研究指出，农场规模与收入在基尼系数上呈U 形相关。这意味着当农场规模向中型农场增长时，基尼系数显著下降，农场面积再增大时，基尼系数则上升，说明大型农场与基尼系数的增加相关，或者说导致了更多的收入不平等①。

农业收入的获得有助于小农家庭实现收入平等。Cuong 指出，通过回归检验，渔业生产显著减少了越南家庭的收入不平等和贫困。② Ali 等从宏观角度检验了农业产出与基尼系数之间存在的弹性协整关系，结果表明收入不平等程度的降低与农业增加值在 GDP 中的比重相关。③ 因此，农业生产是促进收入平等的关键因素。

如今，农户具有农业和非农业双重收入来源。一些研究称，非农业收入而不是农业收入减少了务农家庭之间的收入不平等。Sanusi 等的一项研究表明，与非农业收入相比，农业收入基尼系数对收入不平等的影响更大。④ 经过研究发现，在尼日利亚，10% 的农业收入增长使收入不平等水平增加了 2.6%，而 10% 的非农业收入增长则使不平等水平降低了 2.6%。这一结果与 Findeis 和 Reddy 的一项研究相符，他们使用基尼系数分解方法来检验美国农户的非农业收入和收入不平等之间的相关性。⑤

综上所述，至今关于农业收入来源与农户总收入不平等之间的关系的结论还未得出。尽管有人声称农业收入减少了不平等，但也有人对此提出了质疑。由于经济驱动从农业驱动向工业驱动转变，就业和技术型劳动力的需求方面影响深刻，受过教育的员工可以通过在工业部门工作来谋生。在发展中国家，地租属于非农业收入，因此，家庭收入中农业和非农业收入存在一定的差距。

① Pandey, G., K., "Income and Inequality among Farming Community: A Field Based Study of Bihar, India", *Asia – Pacific Journal of Rural Development*, Vol. 26, No. 2, 2016, pp. 97 – 115.

② Cuong, N., V., "Does Agriculture Help Poverty and Inequality Reduction? Evidence from Vietnam", *Agricultural Economics Review*, Vol, 11, No. 1, 2011, pp. 1 – 13.

③ Ali, S., et al., "Agriculture Value Added and Income Inequality in Pakistan: A Time Series Analysis", *Research Journal of Economics*, *Business and ICT*, Vol. 8, No. 2, 2013, pp. 25 – 33.

④ Sanusi, W., A., et al., "Effects of Farm and Non – Farm Income on Income – Inequality among Rural Households in Osun – State, Nigeria", *International Journal of African and Asian Studies*, Vol. 25, 2016, pp. 1 – 10.

⑤ Findeis, J., L. & Reddy, V., K, "Decomposition of Income Distribution Among Farm Families", *Northeastern Journal of Agricultural and Resource Economics*, Vol. 16, No. 2, 1987, pp. 165 – 173.

二、研究方法

（一）数据收集

本文结合来自 NRI 项目调查的二级数据集进行分析。NRI 项目是在亚洲开发银行的支持下，主要通过改善灌溉和排水设施、道路和农业支持等基础设施，提高北部四省（乌多姆赛省、博胶省、琅南塔省和丰沙里省）农村人民的生活水平。开展 NRI 项目调查是为了收集这四个省 7 个子项目中所有家庭的数据，如表 2 所示。本文使用了两个数据集：①收集每个村庄的家庭住户总名单，包括家庭概况；②抽样家庭访谈，包括家庭成员的收入和角色/责任分配信息。

表 2　受调查村庄概况

省/地区	家庭数量
乌多姆赛省	
Namhao	1289
丰沙里	
Namtong	1030
NamNgene2	325
博胶	
HouayXo2	398
HouayBo	1401
琅南塔	
Namsa	430
NamLu – NamChang	1718
总计	**6591**

资料来源：作者根据 NRI 项目第五年的农村家庭总名单整理。

本文使用的是农村家庭总名单，这份名单收集了 NRI 项目中 6849 户不同的农村家庭在该项目进行第五年（即 2017 年）时的情况。该数据集收集了家庭的整体信息，如家庭特征（家庭成员数量、民族、语言、文化程度等）、贫困状况、稻米充足程度、房屋类型、资产、土地所有权、供水来源、非农业收入来源和稻米产量。在清理缺失数据和清除数据异常值之后，样本共包含 6591 个家庭。

　　本文也进行了样本家庭访谈。根据农村家庭总名单进行分层随机抽样，每个村庄只有 10 个样本家庭被选中进行访谈。7 个子项目中来自 54 个村庄的 540 户家庭代表每个村庄收入的上、中、下三个阶层。此数据集包含更详细的家庭信息，如家庭特征（家庭成员数量、种族、信仰和语言）、贫困状况、土地持有情况、医疗保健、收入来源、收支情况、男女工作角色/职责分配、对该项目是否支持等。在清理缺失数据和清除数据异常值后，样本共包含 487 个家庭。样本家庭访谈数据的变量汇总见表 3。

表 3　样本家庭访谈数据的变量汇总

（一）非订单农业组

变量		样本数量	平均值	标准差	最小值	最大值
ti01	家庭总收入	90	26300000	31600000	500000	201000000
ai11	农业收入来源	90	4728042	8282603	—	54000000
ai01	水稻产量	90	1873824	3086031	—	14000000
ai02	香蕉	90	68611	554420	—	5175000
ai03	橡胶	90	643241	2463065	—	13700000
ai04	家畜、家禽和鱼类	90	588178	3086712	—	27500000
ai05	其他作物	90	1543078	5110407	—	40000000
ai06	其他（非指定）	90	11111	105409	—	1000000
ni11	非农业收入	90	21500000	27400000	—	148000000
ni01	雇佣劳动（其他农民）	90	2552481	5878726	—	36000000
ni02	农业和农村以外的劳动	90	1436963	4688973	—	30000000
ni03	雇员薪酬（私人或政府）	90	2686667	8418121	—	47000000
ni04	非木材林产品销售	90	2353889	8857712	—	68400000
ni05	工艺品	90	1205370	5352592	—	36000000
ni06	商业	90	7900370	17600000	—	91700000
ni07	其他	90	3393511	11900000	—	101000000

续表

（一）非订单农业组

变量		样本数量	平均值	标准差	最小值	最大值
ps02	贫困状态"1"表示贫困（收入＜85000 基普/月·人）；"2"表示中等（收入介于85000～180000 基普/月·人）；"3"表示富裕（收入＞180000 基普/月·人）	90	3	1	1	3

（二）订单农业组

变量		样本数量	平均值	标准差	最小值	最大值
ti01	家庭总收入	397	35600000	32900000	833333	198000000
ai11	农业收入来源	397	13800000	12500000	—	65000000
ai01	水稻产量	397	5997937	5422118	—	44400000
ai02	香蕉	397	152120	821723	—	6650000
ai03	橡胶	397	1927531	6172412	—	52600000
ai04	家畜、家禽和鱼类	397	1809227	4427976	—	38300000
ai05	其他作物	397	3651753	6989211	—	46100000
ai06	其他（非指定）	397	243736	2300869	—	39300000
ni11	非农业收入	397	21800000	29200000	—	189000000
ni01	雇佣劳动（其他农民）	397	1758739	4604741	—	50000000
ni02	农业和农村以外的劳动	397	825390	3741748	—	38300000
ni03	雇员薪酬（私人或政府）	397	5865459	15700000	—	108000000
ni04	非木材林产品销售	397	2083483	12400000	—	189000000
ni05	工艺品	397	569983	3768724	—	60000000
ni06	商业	397	6911671	15500000	—	80000000
ni07	其他	397	3809169	11500000	—	90000000
ps02	贫困状态"1"表示贫困（收入＜85000 基普/月·人）；"2"表示中等（收入介于85000～180000 基普/月·人）；"3"表示富裕（收入＞180000 基普/月·人）	397	3	1	1	3

资料来源：作者根据样本家庭访谈整理。

（二）数据分析方法

本文综合采用多种研究方法，以检验减贫、收入不平等的实证情况以及其与老挝北部地区的受教育程度和跨境订单农业的相关性。本文最重要的假设是农户将他们的农产品，如大米、农作物、蔬菜等出售给中国商人，并且这种交易是一种口头或书面形式的订单农业。

1. 收支结构

通过样本家庭访谈对数据集进行分析，经描述性分析确定家庭收入来源、收入结构和支出结构。就收入而言，家庭收入主要有两种，即农业和非农业收入。支出方面包括粮食、教育、服装、医疗/卫生、房屋装修/改善/装饰、电力、烹饪、交通、社交活动等。这个分析有助于将老挝北部四省的家庭收入和支出组成可视化。

2. 收入分配

除了收入结构之外，收入分配在发展中国家最受重视。收入分配将使人们更清楚地认识到农业和非农业家庭之间的不平等。因此，我们采用推导出的基尼系数分解（Gini Decomposition），通过收入来源来衡量样本内的收入分配情况。由此，我们发现收入不平等的成因，以及减少收入不平等的收入来源的边际效应。基尼系数分解基于 Lerman 和 Yitzhaki 的分解方法和解释，[①] 如下所示：

S_k 表示各收入来源占总收入的比例［%］；

G_k 表示各收入来源的基尼系数［0 = 完全平等，1 = 完全不平等］；

R_k 表示各收入类别与总收入之间的基尼系数；

k 表示各项收入组成（来源）。

3. 计量经济学模型

本文采用有序的 probit 回归方法，将老挝北部省份受教育程度对减贫的影响分为三个层次进行估计。采用 NRI 项目第五年的农村家庭总名单的数据进行回归分析。根据先前研究的框架，计量经济模型如下：

---

① Lerman, R. & Yitzhaki, S., "Income Inequality Effects by Income Source: A New Approach and Application in the United States", *The Reviews of Economics and Statistion*, Vol. 67, No. 1, 1985, pp. 151 – 156.

$$y_i = ß_0 + ß_i x_j + \mu$$

其中，y_i 为有序因变量；x_j 为自变量；$ß_0$ 为常数项；$ß_1$ 为系数/模型的参数；μ 为误差项。

表 4 描述了计量经济学模型中的各项变量。回归通过使用代理变量考察贫困状况，分析受教育程度对减贫的作用。贫困状况基于贫困线分为三个组别。贫困家庭是指收入水平低于 2001 年贫困线 85000 基普/月·人的家庭。中等/中等收入家庭是指收入为 85000 ~ 180000 基普/月·人的家庭。富裕家庭是指收入水平在 180000 基普/月·人以上的家庭。

受教育程度变量代指家庭成员的不同教育水平。具体分为家庭成员具有小学、中学和大学教育水平等不同教育水平。

订单农业变量代指从事订单农业生产的家庭。订单农业的一种常见形式是购买者直接去农民那里签订购买包括大米、农作物、蔬菜、橡胶和混合物在内的农产品合同。在这项研究中，我们没有把不同形式的订单农业分开，既可以是口头的合同，也可以是书面的合同。

将有序 probit 回归结果计算为边际效应，来说明受教育程度和承包经营对农村发展的影响。

表 4　变量定义

变量	定义/描述
因变量	
ps 02	贫困状态 "1" 表示贫穷（家庭收入 < 2001 年贫困线 85000 基普/人·月）① "2" 表示中等收入（家庭收入在 85000 – 180000 基普/人·月之间） "3" 表示富裕（家庭收入为 180000 基普/人·月以上）
自变量	
cf 03	订单农业 "1" 表示合同 "0" 表示非订单农业
ed01apr	家庭成员中拥有至少初等教育水平的人数
ed01bse	家庭成员中拥有至少中等教育程度的人数
ed01cun	家庭成员中拥有受过大学教育的人数

---

① 1 美元大约相当于 8000 基普。

续表

变量	定义/描述
自变量	
lh11	总土地面积持有［公顷］
ag01b	年龄在 18～60 岁家庭成员数
ina	是否有非农业收入来源 "1" 表示有 "0" 表示没有
hh061	老泰语群体的民族语言虚拟变量（参考）
hh062	高棉语群体的民族语言虚拟变量
hh063	苗瑶语群体的民族语言虚拟变量
hh064	汉藏语群体的民族语言虚拟变量
hh01apsl	丰沙里省虚拟变量（参考）
hh01aodx	乌多姆赛省虚拟变量
hh01abk	博胶省虚拟变量
hh01alnt	琅南塔省虚拟变量

资料来源：作者根据 NRI 项目第五年的农村家庭总名单整理。

三、研究发现

（一）家庭特征

表 5 显示了 NRI 子项目下乌多姆赛、琅南塔、博胶和丰沙里省的家庭情况。70% 以上的样本生产农产品，属于订单农业组，其余为非订单农业组。在这两个群体中，只有一半的家庭中有人达到了小学教育水平。而订单农业组比非订单农业组的小学入学率更高一些。数据集并没有区分中等教育中的初中和高中水平。与小学阶段所得结果相似，订单农业组比非订单农业组的中学入学率更高。相对而言，较少人达到较高的教育程度，两组数据集中只有 1/4 的个体达到大学教育水平。这意味着许多家庭成员可能由于辍学原因而成为文盲，缺乏提高生活水平的能力。

表5 家庭特征

家庭特征	非订单农业		订单农业	
	数量	%	数量	%
拥有订单农业的家庭	1558	23.66	5028	76.34
拥有至少小学教育水平的家庭成员数量				
无	1	0.14	2	0.09
1 人	405	57.28	1473	56.19
2 人	246	34.79	867	33.30
3 人	37	5.23	187	6.70
超过 4	18	2.54	106	3.71
拥有至少中等教育程度的家庭成员数量				
1 人	408	64.35	1359	62.66
2 人	193	30.44	607	27.99
3 人	29	4.57	120	5.53
超过 4 人	4	0.64	83	3.83
拥有至少大学/学院教育程度的家庭成员数量				
1 人	110	67.48	440	65.19
2 人	51	31.29	166	24.59
3 人	2	1.23	45	6.67
超过 4 人	—	—	24	3.55
省份				
乌多姆赛	256	16.43	1033	20.54
丰沙里	230	14.76	1125	22.37
博胶	401	25.74	1397	27.78
琅南塔	671	43.07	1473	29.30
语言情况				
老泰语	1055	67.72	3439	68.40
高棉语	350	22.46	1165	23.17
苗瑶语	19	1.22	126	2.51
汉藏语	134	8.60	298	5.93
贫困层次				
贫穷	348	22.34	486	9.67

续表

家庭特征	非订单农业		订单农业	
	数量	%	数量	%
中等	1209	77.60	4287	85.26
富裕	1	0.06	255	5.07
水稻充足程度				
缺少水稻	422	27.09	674	13.40
水稻充足	1113	71.44	3485	69.31
水稻富余	23	1.48	869	17.28
房屋类型				
竹/木房子	274	17.59	423	8.41
木材和混凝土的组合	738	47.37	2943	58.54
有混凝土和瓷砖的现代房屋	546	35.04	1661	33.04

资料来源：作者根据 NRI 项目第五年的农村家庭总名单整理。

在这两个样本中，老泰语系是最大的民族语言族群，其次是高棉语系、汉藏语系和苗瑶语系。超过 20% 的非订单农业组家庭生活在贫困中，他们每月人均收入低于 85000 基普，而在订单农业组中只有 10% 的家庭是贫困的。中等收入家庭即每个家庭的月收入在 85000～180000 基普的家庭在两个样本中比例相当。值得注意的是，订单农业组农村家庭的贫困情况得到减轻。这在稻米充足方面也得到体现，订单农业组比非订单农业组有更多的稻米剩余。在农村地区，稻米是否充足是衡量家庭富裕程度的一个重要指标。这意味着订单农业为农民家庭增加更多的收入，有助于减贫。

（二）收支结构

平均而言，订单农业组的家庭总收入约为 3560 万基普，与非订单农业组相比高约 35%。家庭收入的两个主要来源为农业收入来源和非农业收入来源（见图 1）。非农业收入来源在这两组样本中所占比例更大，订单农业组农业收入主要来自稻米生产和作物种植（见表 6）。

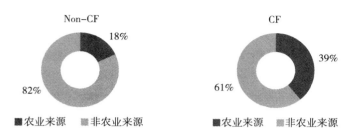

图1 非订单农业组（Non‑CF）和订单农业组（CF）的收入来源

资料来源：作者根据样本家庭访谈整理。

表6 家庭收入结构

	收入（年，基普）	非订单农业		订单农业	
ti01	家庭总收入	每个收入来源的百分比	占家庭总收入的百分比	每个收入来源的百分比	占家庭总收入的百分比
ai11	**农业收入**		**18%**		**39%**
ai01	水稻产量	40%	7%	44%	17%
ai02	香蕉	1%	0%	1%	0%
ai03	橡胶	14%	2%	14%	5%
ai04	家畜、家禽和鱼类	12%	2%	13%	5%
ai05	其他作物	33%	6%	27%	10%
ai06	其他（非指定）	0%	0%	2%	1%
ni11	**非农业收入**		**82%**		**61%**
ni01	雇佣劳动（其他农民）	12%	10%	8%	5%
ni02	农业和农村以外的劳动	7%	5%	4%	2%
ni03	雇员薪酬（私人或政府）	12%	10%	27%	16%
ni04	非木材林产品销售	11%	9%	10%	6%
ni05	工艺品	6%	5%	3%	2%
ni06	商业	37%	30%	32%	19%
ni07	其他	16%	13%	17%	11%

资料来源：作者根据样本家庭访谈整理。

　　同时，非订单农业组在很大程度上依赖于非农业活动，如商业，受雇于政府、私人公司或作为农场劳动力。非农业收入似乎在农村生计中扮演着重要的角色。因此，可能会提出农民应该放弃农业生产，通过企业、劳动雇佣获得更高报酬的建议，但是如何取代农村地区的农民们最熟悉的农业？不深入研究总收入的每个组成部分而只考虑这个问题是无意义的。此外，哪种农业收入或非农业收入来源是长期可持续并有助于减贫的也值得思考。

如图 2 所示，在支出方面，食物、家庭生活改善和儿童教育是订单农业和非订单农业组的主要家庭支出。订单农业组的年总支出约为 1830 万基普，而非订单农业组的年总支出约为 1480 万基普。这是因为家庭需要为他们的农业生产购买设备和投入品。订单农业组在食物上的花费比非订单农业组少。订单农业组食物消费占 34%，非订单农业组食物消费占 41%，这是因为农民可以自己生产食物，并出售剩余的食物来维持生计。无论是订单农业或非订单农业组都把大约 11% 的钱花在儿童教育上，这可能是因为该地区缺乏学校基础设施和资源。很明显，订单农业组的家庭在房屋维修、改善和装修上的花费比非订单农业组的家庭要多，订单农业组家庭住在结合了当地和现代材料的房子里。这可能是因为他们收入更高，所以想从改善住房开始提高生活水平。以上这些现象都是摆脱贫困的好征兆。

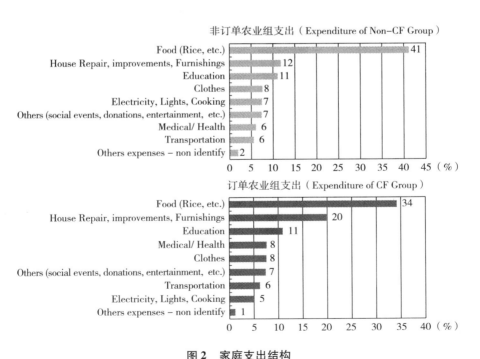

图 2　家庭支出结构

资料来源：作者根据样本家庭访谈整理。

四、实证研究结果

（一）用基尼系数分解来衡量收入不平等

基尼系数分解法有助于我们从收入来源来更深入地理解收入不平等。本文对 3 组家庭进行了实证分析，分别是订单农业组、非订单农业组和合并了前两者的第三组，见表 7。

表 7　收入不平等的分解

		每个收入来源的份额 [1]	来源（收入）的基尼系数 [2]	每个收入类别与总收入之间的相关性 [3]	收入不平等比例 [4]	相对边际效应 [5]
	来源	Sk	Gk	Rk	比例	百分比变化
全部样本	ai01	0.155	0.528	0.574	0.096	−0.058
	ai02	0.004	0.973	0.277	0.002	−0.002
	ai03	0.050	0.919	0.499	0.047	−0.003
	ai04	0.047	0.868	0.400	0.033	−0.013
	ai05	0.096	0.796	0.393	0.062	−0.034
	ai06	0.006	0.989	0.439	0.005	−0.001
	ni01	0.056	0.830	0.027	0.003	−0.054
	ni02	0.028	0.944	0.200	0.011	−0.017
	ni03	0.156	0.889	0.744	0.212	0.056
	ni04	0.063	0.947	0.735	0.090	0.027
	ni05	0.020	0.970	0.629	0.025	0.005
	ni06	0.209	0.841	0.767	0.278	0.069
	ni07	0.110	0.899	0.661	0.135	0.025
	总收入			0.486		
非订单农业	ai01	0.071	0.747	0.445	0.044	−0.027
	ai02	0.003	0.985	0.845	0.004	0.001
	ai03	0.025	0.942	0.651	0.028	0.003
	ai04	0.022	0.953	0.451	0.018	−0.005

续表

	来源	每个收入来源的份额 [1] Sk	来源(收入)的基尼系数 [2] Gk	每个收入类别与总收入之间的相关性 [3] Rk	收入不平等比例 [4] 比例	相对边际效应 [5] 百分比变化
非订单农业	ai05	0.059	0.898	0.686	0.067	0.008
	ai06	0.000	0.989	− 0.933	− 0.001	− 0.001
	ni01	0.097	0.816	0.107	0.016	− 0.082
	ni02	0.055	0.916	0.256	0.024	− 0.031
	ni03	0.102	0.914	0.786	0.137	0.034
	ni04	0.090	0.924	0.726	0.112	0.022
	ni05	0.046	0.956	0.652	0.053	0.007
	ni06	0.301	0.832	0.779	0.362	0.061
	ni07	0.129	0.893	0.638	0.137	0.008
	总收入	0.539				
订单农业	ai01	0.169	0.473	0.583	0.099	− 0.070
	ai02	0.004	0.970	0.190	0.002	− 0.003
	ai03	0.054	0.912	0.467	0.049	− 0.005
	ai04	0.051	0.848	0.373	0.034	− 0.017
	ai05	0.103	0.773	0.333	0.056	− 0.047
	ai06	0.007	0.986	0.411	0.006	− 0.001
	ni01	0.049	0.832	0.035	0.003	− 0.046
	ni02	0.023	0.950	0.221	0.010	− 0.013
	ni03	0.165	0.882	0.728	0.224	0.060
	ni04	0.059	0.952	0.754	0.089	0.031
	ni05	0.016	0.971	0.661	0.022	0.006
	ni06	0.194	0.842	0.778	0.270	0.076
	ni07	0.107	0.899	0.669	0.137	0.030
	总收入	0.471				

资料来源：作者根据样本家庭访谈整理。

商业和稻米生产是所有组别的主要收入来源。其中，稻米生产为维持老挝北部农民的生计做出了巨大贡献。稻米生产占总收入的 7% ~ 17%

（第1列），然而，其对收入不平等的贡献仅有4%～10%（第4列）。相对而言，商业占总收入的19%～30%（第1列），对收入不平等的贡献高达27%～37%（第4列）。

基尼系数的分解表明，收入的所有组成部分几乎都是完全不平等的（第2列）。其中，稻米生产的基尼系数最低，三组样本都在0.473～0.747；商业的基尼系数几乎是最高的，在0.832～0.842。此外，员工工资和其他收入（例如租金）都造成了收入不平等，与总收入之间存在较高的基尼相关性（第3列）。最后，各组的农业收入之间存在一定程度的不平等，在总收入中的影响与非农业收入比相对较弱（第4列）。

本文的一个有趣之处是，订单农业组农业收入来源（稻米生产、香蕉、牲畜和农作物种植）每增加1%，总收入的基尼系数就会降低0.002～0.069。橡胶种植则相反。非农业收入的同等变化则增加三组样本的收入不平等（第5列）。这一结果表明，无论是在名义上，还是在事实上，农业生产都可能是所有组别主要的可持续收入来源。

（二）受教育程度对减贫的影响

为了检验受教育程度对减贫的影响，本分析应用了有序Probit回归（见表8）。有序Probit的边际效果显示，受教育程度、订单农业、持有的土地总面积和成年家庭成员数量与家庭贫困程度呈现负相关。换句话说，在老挝北部省份，成年家庭成员数量和高等教育水平每增加1%，当地家庭减贫的机会也增加，该结果在5%显著水平上有统计学意义。这与Awan等以及Majumder和Bisuas的研究结果相符。[①] 此外，订单农业使家庭贫困率降低了6.9%，该结果在1%的显著水平上有统计学意义。同时，订单农业也显著增加了家庭进入中等和富裕阶层的可能性，概率分别增加了5.5%和1.5%。此外，更多的土地增加了家庭利用土地生产更多农产品的可能，总土地面积增加1%，贫困家庭减少3.5%，中等和富裕家庭则相反，该结果

---

① Awan, M. S., Malik, N., Sarwar, H. & Waqas, M., "Impact of Education on Poverty Reduction", *International Journal of Academic Research*, Vol. 3, No. 1, 2011, pp. 659 – 664; Majumder, S. & Bisuas, S. C, "The Role of Education in Poverty Alleviation: Evidence from Bangladesh", *Journal of Economics and Sustainable Development*, Vol. 8, No. 20, 2017, pp. 151 – 160.

在 1% 的显著水平上有统计学意义。在北部四省份中，有序 Probit 回归结果也显示，除琅南塔外，在乌多姆赛和博胶的农村，订单农业对贫困阶层有积极影响，对富裕阶层有消极影响，该结果在 1% 显著水平上有统计学意义。换句话说，只有琅南塔和丰沙里家庭从中国投资的订单农业中获利，因为这些地方与中国接壤。出于以上原因，受教育程度以及订单农业、土地面积和地理位置在减贫和农村发展中发挥着重要的作用。

表 8　订单农业对减贫的有序 Probit 边际效应

贫困状态	变量	贫穷 = 1	中等 = 2	富裕 = 3
CF03	订单农业‡	− 0.070 *** (− 7.30)	0.055 *** (6.66)	0.015 *** (8.36)
ed01apr	初等教育	0.017 *** (5.24)	− 0.012 *** (− 5.71)	− 0.005 *** (− 5.03)
ed01bse	中等教育	− 0.012 ** (− 3.33)	0.008 ** (3.30)	0.004 ** (3.28)
ed01cun	学院/大学教育	− 0.046 *** (− 8.06)	0.032 *** (7.51)	0.014 *** (7.52)
lh11	总占地面积	− 0.035 *** (− 13.79)	0.024 *** (11.50)	0.010 *** (11.41)
ag01b	成年家庭成员人数	− 0.005 ** (− 2.32)	0.004 ** (3.63)	0.002 ** (2.30)
at	非农业收入来源	− 0.286 *** (− 3.85)	0.265 *** (3.63)	0.002 *** (10.95)
hh062	高棉语‡	0.142 *** (12.51)	− 0.118 *** (− 11.12)	− 0.024 *** (− 12.06)
hh063	苗瑶语‡	0.102 ** (3.12)	− 0.087 ** (− 2.85)	− 0.015 *** (− 6.18)
hh064	汉藏语‡	0.134 *** (6.25)	− 0.116 *** (− 5.71)	− 0.017 *** (− 10.12)
hh01aodx	乌多姆赛省	0.723 *** (4.78)	− 0.058 *** (− 4.39)	− 0.015 *** (− 6.32)
hh01abk	博胶省‡	0.057 *** (4.76)	− 0.043 *** (− 4.43)	− 0.013 *** (− 5.57)

续表

贫困状态	变量	贫穷 = 1	中等 = 2	富裕 = 3
hh01alnt	琅南塔省[‡]	0.013 (1.30)	− 0.009 (− 1.28)	− 0.004 (− 1.36)
cut1_ cons		0.034 (0.17)	0.034 (0.17)	0.034 (0.17)
cut2_ cons		3.434 *** (16.55)	3.434 *** (16.55)	3.434 *** (16.55)
样本量		6539	6539	6539
伪 R^2		0.1518	0.1518	0.1518

注：括号的数据，＊表示 $p < 0.05$，＊＊表示 $p < 0.01$，＊＊＊表示 $p < 0.001$；[‡]dy/dx 是虚拟变量从 0 到 1 的离散变化。

资料来源：作者根据 NRI 项目第五年的农村家庭总名单整理。

结　语

研究结果展示了受教育程度和对老挝北部小规模农民的收入和减贫的影响。在订单农业组和非订单农业组中，在超过一半的家庭中，至少有一个成员上过小学。订单农业组的富裕家庭的比例远远大于非订单农业组的富裕家庭的比例，富裕家庭的人均月收入超过 18 万基普，即超过 20 美元的贫困线。此外，在农村地区，稻米是否充足是判断家庭财富状况的最佳指标。调查结果还强调，农村家庭由于种植稻米而有稻米剩余。然而订单农业组的家庭主要从事农业活动，其中农业收入约 1380 万基普，非农业收入约 2180 万基普。有些人可能会说，与非农业来源相比，农业的回报是如此之小。但是，在非订单农业家庭的生活收入中，来自农业的收入约为 470 万基普，来自非农业的收入约为 2150 万基普。值得注意的是，订单农业组和非订单农业组在农业生产收入上的差异很大，这意味着农业生产对家庭收入起着重要的作用。基尼系数分解的结果也证实了，除了橡胶树种植收入外，农业收入每增加 1%，收入不平等就会减少，而非农业收入则相反。此外，有序 Probit 回归结果也证实受教育程度对减贫产生了积极作用。这意味着，家庭成员受教育程度越高，从贫困状态向富裕状态转变的机会就越大，该结果在 1% 的水平上具有统计学显著性。此外，农业生产使贫困概率降低了 7%，同时将成为富裕家庭的概率提高了 1.5%，该结果在 1% 的显著水平上有统计学意义。通过订单农业，丰沙里和琅南塔的农民可能比乌多姆塞和博胶的农民获得更多收入，这意味着地理因素也在减贫中发挥作用。

如今，经济的驱动力正从农业部门向工业部门转变。然而，在大多数人都是农民的老挝北部，农业部门在经济转型中起着核心作用。农业生产形式从自给自足向高附加值商业农业的转变增加了小农的收入，而这与农民受教育程度和订单农业相关。随着老挝农民生产力的提高，加上中国有大量的高需求、高购买力的潜在消费者，创业农场和订单农业已成为帮助农村社区脱贫的潜在有效战略之一，尤其是中国投资的订单农场能保证老挝农产品市场的稳定。因此，老挝应该抓住这个机会发展综合农业经营，通过向中国出口产品获得更多的收入，而不是抱怨老挝市场有限，对老挝产品的需求很小。建议通过认真协商来扩大区域，继续实行订单农业，以保护老挝农民的利益。此外，订单农业谈判应以环境和长期回报为重点，遵循可持续的绿色增长理念。这应与促进农村教育同时进行，以提高老挝农民和人民的生活水平。

在这些方面，有以下四项主要建议：

（1）教育在减贫中发挥重要作用。无论是在城市还是在农村，促进教育部门的发展都是一项优先任务。加强对老挝北部地区当地人的教育可以在家庭中实现减贫。受过教育的农民将能够更快地学习新技术，并将其应用于提高农业生产率。公共部门应该为教育基础设施和资源提供更多的便利，以鼓励当地人上学，为当地人提供摆脱贫困的机会。

（2）鼓励自食其力的农民转变成为创业农民或鼓励他们经营综合农业是很重要的。农民可以在投入、生产、销售、收入等方面管理自己的利益。首先，农民需要通过建立农民生产组织（Farmer Production Group，FPG）来获得支持。FPG 是成功的关键因素，它为农民提供了接受新农业生产、服务、获得贷款、信息和市场分析方面技术培训的机会①。它引导

---

① Onphanhdala，P.，Philavong，V. & Phomvixay，P，"Promoting Farmer Production Group and Written Contract Farming as Key Success Factors：Evidence from NRI Nam Bak Sub – project"，nri – lao. org，July，2016，http：//www. nri – lao. org/doc/publication_ 7. pdf，登录时间：2019 年 1 月 3 日。

农民根据市场需求决定是否要生产某种作物。此外，它还加强了老挝农民对买家的议价能力。因此，要提高农民的生产效率，迫切需要建设集多种功能于一体的强力有效的 FPG。

（3）政府部门在农业发展中十分关键，不仅包括中央政府，也包括地方政府，如农林部门、工商部门等。各部门应该在维护法规和保护农民利益方面发挥积极作用。在政策法规方面，有与承包经营、跨境经营、农业投资等相关的政策和立法。此外，还需要公共部门的支持，如技术支持、市场导向、贷款、贸易机制等。同时，政府工作人员在执行方面应该更加积极进取。这是为了防止一些可能发生的损失，比如过去几年在老挝北部省份引发争议的卡文迪什香蕉种植园。

（4）来自老挝政府的有力支持对于进一步发展是十分关键的。因为政府可以在老挝和外国投资者之间创造一个双赢的局面，本文主要是指与中国投资者之间。吸引中国更多的投资进入农业领域，带来的不仅是投资本身，还包括技术和创新，如果能将这些技术和创新传递给老挝农民，改善综合农业经营，中国就可以从老挝购买农产品供应他们的市场。然而，在开始的时候，可能需要进口未经加工的农产品。未来，老挝政府应通过优质有机作物、高附加值食品加工等方式提高产品质量，帮助老挝农民适应和调整，努力在竞争环境中生存，以提高他们的生活水平。

Educational Attainment and Poverty Reduction in Northern Rural of Lao PDR: An Approach to Gini Decomposition and Ordered Probit Regression

Phanhpakit Onphanhdal   Bouadam Sengkhamkhoutlavong

Abstract   This paper is a study on the impact of educational attainment on rural development in the northern region of Lao PDR. Conducting an empirical research by using NRI dataset, we found the significant effect of education toward poverty reduction. Research findings also revealed that income from agricultural source mainly by contract farming with Chinese investors can decrease income inequality in four northern provinces, Phongsaly, Luang Namtha, Oudomxay and

Bokeo. The higher education level farming households have achieved, the higher the chance of shifting away from poverty. While education plays an importance role in poverty reduction, agricultural production reduces the chance of poverty by 7% and increases a chance to become rich by 1. 5% with statistically significant at 99% level. The research findings have implications for rural development in terms of education and agricultural sector in Lao PDR.

Key Words　Educational Attainment; Poverty Reduction; Contract Farming; Rural; Lao PDR

Authors　Phanhpakit Onphanhdal, Center of Enterprise Development and International Integration, National Institute for Economic Research, Lao PDR, Associate Professor , Ph. D. and Director; Bouadam Sengkhamkhoutlavong, Asia Research Center, National University of Laos, Deputy Director General and Ph. D.

越南城市固体废物管理所面临的挑战

阮氏芳兰（著）　　陈艳阳（译）*

【摘要】固体废物处理，包括城市固体废物（MSW）的处理，是包括越南在内的世界大部分城市所面临的一项重大挑战。由于缺乏有效的管理程序、法规和政策，这些废物带来的传染病和恶臭正在引发严重的健康危机，同时引发如水污染、土壤污染和空气污染等环境问题。本文的主要目的是介绍越南城市固体废物管理的主要现状和面临的挑战，并提出应对建议，以改善和提升越南的废物管理系统和人民生活品质，越南水利大学（TLU）化学与环境学院，讲师。

【关键词】城市固体废物；露天固体废物堆填区；堆肥；焚烧；回收

【作者简介】阮氏芳兰（Nguyen Thi Phuong Lan），越南水利大学（TLU）化学与环境学院，讲师。

如今越来越多的人从农村搬到大城市，梦想着赚更多的钱来养家，提高生活水平。因此，城市化已经成为越南实现可持续发展所面临的最重要的问题和挑战之一。

2018 年，越南的人口约为 9600 万。根据世界人口总数统计系统的报道，2018 年越南人口密度为每平方公里 291.33 人，使其成为世界人口密度排名第 15 的国家。显然，如果没有适当的规划，快速的城市化将会带来

---

　*　陈艳阳，广西大学国际学院，中级实验师。
　①　Truong, N., "Solid Waste Management in Vietnam: Current Situation, Challenges and Strategies for Development", *Bachelor Degree Thesis in Metropolia University of Applied Sciences*, 2018.

住房、教育、卫生保健、公共服务、交通和废物管理等方面的问题①。没有适当的废物管理计划系统，人们更容易面临疾病和其他健康风险。最近，越南发现了许多严重破坏环境的案例，而环境需要很长时间才能恢复过来。这对许多人的经济和健康状况产生了负面影响。在越南，很多村庄被称为癌症村，因为当地居民长期以来只能饮用被污染的水源。

随着人口的增长和废物产生率的提高，废物产生量越来越大，这对越南政府建立合理的城市生活垃圾管理制度是一个挑战。近年来，越南的城市固体废物管理受到各级政府和社区的高度重视。废物管理薄弱是发展中国家普遍面临的一个日益严重的问题。因此国际社会有必要采取具体行动，全面激发和鼓励建立新的合作、伙伴关系和协作形式，为有效地提供和改进废物管理服务做出贡献。

一、城市固体废物的产生和特性

根据 2014 年 6 月越南国会颁布的《越南环境保护法》，"废物"一词的定义是"生产、经营、服务、日常生活活动或其他活动所排放的物质"。

越南政府颁布的关于废物和废料管理的第 38/2015/ND－CP 号法令将固体废物（SW）定义为"在生产、经营、服务、日常生活活动或其他活动中排放的固体或半固体（也称为污泥）废物"。

固体废物的分类或分拣可通过多种方式进行。固体废物按其产生来源可分为城市固体废物、建筑固体废物、农村固体废物、农业固体废物和医疗固体废物。此外，根据其毒性水平来划分，固体废物可以被分为危险固体废物和一般固体废物。根据不同的分类方法，固体废物的体量和成分也有所不同（见表1）。

越南的固体废物可大致分为以下三类：一是城市垃圾，包括住宅、商业和市场垃圾；二是工业废料，包括工厂和其他制造业的加工活动产生的危险废物、来自医院及诊所的医疗废物、来自城市污水系统的污水和污泥以及建筑及拆卸废物；三是农业废物，包括来自农户家中的动物（猪、牛和水牛）粪便、农作物残渣（主要来自咖啡、橡胶、烟草和椰子）和农用化学品的残渣。

表1 越南固体废物分类

分类方法	组成
按产生来源分类	城市固体废物
	建筑固体废物
	医疗固体废物
	农业固体废物
	农村固体废物
	污泥
按毒性分类	一般固体废物
	危险固体废物

二、越南城市固体废物管理面临的挑战

（一）废物数量及种类迅速增加

近年来，人口增长和城市化的速度与工业化进程密不可分。越南是一个发展中国家，人口密度居东南亚国家第三位，城市化、工业化和人口增长速度居世界第14位，中等收入阶层不断扩大，消费模式不断发生变化。

在过去的10年里，越南固体废物产生量一直在稳步增长。城市生活垃圾的产生量取决于城市人口的规模。不仅垃圾的成分在改变，垃圾的数量也有所不同。城市居民只占越南总人口的1/4，却产生了一半的固体废物。

2014年，城市生活垃圾日产量约为3.2万吨。特别是河内和胡志明市，所产生的家庭固体废物分别为6420吨/日和6739吨/日。据测算，2011～2015年，城市生活垃圾日产量的平均增长速度为每年12%。在未来的一段时间内，城市固体废物的产生水平还将继续提高。[1] 废物总量在未来仍将会增长，预计到2020年将达到约6900万吨，到2025年将达到9100万吨。因此，由于固体废物总量逐年增加和土地资源限制有限，许多露天垃

---

[1] National Environment Report for Period 2016. *Ministry of Natural Resources and Environment*, 2016, p. 88.

圾场和垃圾填埋场,尤其是大城市的露天垃圾场和垃圾填埋场,总是处于超负荷的状态。然而,越南在减少废物量方面没有取得多大进展,也没有尝试去减少家庭垃圾的产生。2007~2025 年人均城市固体废物产生量见表 2。

表 2　人均城市固体废物产生量（2007~2025 年）①

年份	人均日产城市固体废物量（千克）
2007	0.75
2008	0.85
2009	0.95
2010	1.00
2015	1.2
2020	1.4
2025	1.6

资料来源:2007~2010 年的数据来自《2011 年越南国家环境报告》;2015 年、2020 年与 2025 年的预测数据来自越南环境管理局预测数据。

城市和农村生活垃圾的组成也有所不同。重点经济区和湄公河三角洲的医院和工业废物预计将大量增加。随着工业化和城镇化的快速发展,城市垃圾中的干电池、湿电池、电化废液、家用化学溶剂、不可降解的塑料、金属、玻璃等有害废弃物越来越多。废物中有机物的比例很高（54%~87%）,且废物成分多种多样（例如有机物、纸张、金属、玻璃、纺织品、塑料和橡胶、陶瓷和砖、有害物质和杂项物质）。2007~2010 年城市固体废物量见表 3。

表 3　2007~2010 年城市固体废物量②

年份	2007	2008	2009	2010
城市人口（百万）	23.8	27.7	25.5	26.22
城市人口占总人口百分比	28.2	28.99	29.74	30.2
人均日产城市固体废物量（千克）	~0.75	~0.85	0.95	1.0
城市固体废物日产总量（公吨）	17682	20849	24225	26224

① Nguyen Trung Thang, "Country Chapter: The Socialist Republic of Vietnam", United Nations Center for Reginal Development, Novermber 2017, http://www.uncrd.or.jp/content/documents/5696 [Nov%202017]%20Vietnam.pdf, 登录日期:2019 年 8 月 12 日。
② Truong, N., "Solid Waste Management in Vietnam: Current Situation, Challenges and Strategies for Development", *Bachelor Degree Thesis in Metropolia University of Applied Sciences*, 2018.

（二）垃圾处理技术仍然有限

在越南，人们主要采取填埋、微生物肥料生产和焚烧的方式处理垃圾。在现有的垃圾填埋场中，只有 30% 符合环保标准，而全国近 300 个焚烧厂中大多数规模较小。目前只有大约 30 个工厂在利用废物生产有机肥料。

1. 填埋

在越南，填埋仍然是垃圾处理的主要方法，处理技术仍然有限。由于垃圾填埋场和露天垃圾场管理不善，废物处理和处置的替代方案隐含着对环境和人类的威胁。

与东南亚和南亚的其他国家一样，露天倾倒和有控制的垃圾倾倒是越南垃圾处理的主要形式，这导致了环境的退化。填埋是越南城市生活垃圾以及一些工业废物和医疗废物的常用处理方法。截至 2015 年，越南拥有 660 个集中式垃圾填埋场，但只有 203 个是卫生填埋场，且主要集中在大城市。在其余的垃圾填埋场，大部分固体废物被随意掩埋。这些处置地点缺乏渗滤液收集系统，底部缺乏隔泥网膜或黏土层收集设备的保护，导致环境严重退化。①

因此，这种处理废物的做法引发了垃圾场周围居民严重的健康问题。并且，许多露天堆填区和堆填区已出现了超负荷的情况。

虽然有许多环境污染问题与露天倾倒和填埋的城市固体废物有关，然而垃圾填埋场在未来几年内仍将是最常用的垃圾处理方法。在此期间，越南需要不断完善卫生环境。

2. 露天焚烧

在一些城市，在垃圾填埋场进行露天焚烧是一种常见的做法，目的是降低这些填埋场的废物总量，同时增加填埋场的容量。在大部分农村地区，露天焚烧也是处理家庭固体废物的主要做法。贫困地区居民就在自家院子里焚烧固体垃圾。然而，这些露天燃烧的做法直接将大量的污染物排放到大气中。在卫生领域，大多数医院使用没有废气处理系统的人工焚化

---

① "National Environment Report 2018：Solid Waste"，Ministry of Natural Resources and Environment，2018.

炉焚烧卫生废物。一些医院安装了现代化的焚化炉，但由于医院周围有居民区，这些焚化炉并没有投入使用。

这种垃圾处理方法导致人类接触和遭受严重健康问题的比率越来越高。

3. 垃圾堆肥

堆肥是指有机废物在受控条件下分解，生产出的堆肥产品可进一步用作土壤改良剂或肥料。由于有机物含量高，湄公河三角洲地区的城市生活垃圾具有很大的堆肥潜力。然而，废物堆肥在该地区并没有得到广泛应用。其中的原因很多，包括对生物过程的需求不足，如对饲料或营养物质的需求不足、产出肥料的质量差，以及潜在市场萎缩等。此外，通过自然过程进行生物降解的旧垃圾填埋场的生物制品可以用作肥料。目前，越来越多的私营公司采用类似的小规模堆肥技术对城市生活垃圾进行堆肥。另一个堆肥吸引力减小的原因是农民习惯使用无机肥料而不是堆肥。

4. 源头隔离和回收

根据《环境保护法》，废物产生者负责从源头上对废物进行分类，以促进废物的再利用、循环利用、能源回收和处置。事实上，在越南，只有工业和医疗废物被要求从源头上进行分类（分为普通废物和危险废物）后再分别收集和处理。对于其他类型的废物，没有强制性地规定在源头进行分类。人们仍在把家里所有的固体垃圾混装进大塑料袋等待收集。在越南，人们仍不习惯从源头上对垃圾进行分类。这就给应用堆肥、生物沼气和回收等更高级的处理技术带来了更多的麻烦，也给回收过程带来了负担，因为垃圾需要在处理前进一步被分类。这导致工厂需要更多的工人来对不同种类的垃圾进行分类，以备以后使用，例如，堆肥或焚烧。

在家庭对固体废物进行源头分类在越南还没有得到推广，只在主要城市的部分试点项目中对家庭垃圾进行了分类试验。迄今为止，在国内外的资金支持下，河内和胡志明市积极实施了两个主要的3R项目。鉴于越南基础设施不发达和管理不健全，在很多情况下，需要将分类好的废物收集起来进行集中处理，因而这些计划实施的效率有所降低，可见人们还没有养成垃圾分类的习惯。

然而一些可回收的固体废物已经被家庭和拾荒者分类并卖给了回收站。自发分类可回收固体废物的行动一直在进行着。固体废物的循环再利用主要由私营机构和个体（例如拾荒者、收藏家、清洁工等）来执行，并沿废物流由产生至最终处置的阶段进行。可循环再造的废物可在源头（住宅、大厦、街市等）、废物堆放处、收集及转运站（交汇点）及堆填区收集。然而，目前还没有正式的回收系统，因此越南的回收可以被称为"非正式回收"。被收集的废物包括硬纸板、塑料、报纸、废纸、玻璃瓶、废钢等。收集好后，这些物料会被送往回收中心。

（三）改善废物处理制度的有效性、监督和执行

虽然越南固体废物管理的制度、政策和法律制度取得了显著进展，但制度和法规仍然不够充分，有的并不适当，或出现重叠。国家固体废物管理没有统一且全面的规定。

越南面临着建立从国家到省级的有效的废物管理制度的挑战。废物的管理因地而异。此外，相关规定在执行时还存在着较大的缺陷，制度框架薄弱，授权不明确，政府各部门职能分散重叠，机构间协调有限，法律文件体系不完善，存在重叠、不完整、不一致等问题，对法律执行的审查和检查还很有限。环境政策执行力度不够，环境管理工具存在失效的现象。

一些相关政策已经出台，但缺乏落实的指导性文件，导致执行效果不佳，甚至无法落实。在制定环境目标方面的努力遭遇失败是实施不力的表现。目前，规范固体废物管理关键问题的法律文件在人力资源、组织机构、专业资格、技术指南等方面还不完善，导致固体废物管理活动在现实中难以实施，尤其是危险废物的管理。[①]

此外，对执法的审查和检查仍然有限。对违反关于固体废物的行为威慑力不够，执法力度不足，未能满足有效管理的实际要求。

（四）固体废物综合管理意识不强

在固体废物综合管理方面，各级领导以及企业和社区的认识不足，责任感仍然很弱。管理机构和企业以经济增长和利润为主要目的，在减少废

---

① Thanh，N. P. and Y. "Matsui，Municipal Solid Waste Management in Vietnam: Status and the Strategic Actions"，*International Journal of Environmental Research*，2011，Vol. 5，No. 2，pp. 285 – 296.

物、重复利用和循环再造等活动中仍然忽视了对环境保护的要求。预防固体废物的产生和减少固体废物量的举措还没有得到广泛的实践和推广，尤其是在日常生活中，社区仍然没有意识到固体废物源头分类和减少废物的好处。

（五）资金投入不足

越南废物管理的财政投资相当少，既不能满足需求，也没有得到公平分配。越南废物管理的主要资金来源是国家预算，其中90%以上用于垃圾收集和运输，而垃圾处理的预算很低，主要用于填埋。固体废物管理费用较低，市区每月每户约2.1万越南盾（0.9美元），平均约占家庭支出的0.5%。所收取的费用总额不到废物管理总费用的60%，在一些城市仅占总费用的20%～30%。

（六）技术转让和信息交流

适当使用和转让无害环境的技术为更有效地管理废物提供了机会。此外还需要采用更清洁的生产技术，以帮助尽量减少工业废物，并获得更高的回报。在确定和传播卫生部门中那些有希望的新技术方面，国际组织要发挥重要作用。在有关各方之间建立一个全球网络，以促进关于这些技术的信息交流，这将是非常有益的。应探讨加强南南合作与支持发展中国家和发达国家之间在该领域的伙伴关系的机会。

三、为越南固体废物管理的发展提出行动建议

（一）建议和推荐方案

近年来，越南城市化、工业化和经济发展迅速，城市生活垃圾的产生量也显著增加。然而，目前越南在城市固体废物管理方面，如财政、基础设施和人力等资源仍然匮乏。服务需求持续增长，加上资源短缺，令现有的城市固体废物管理系统不堪重负。

目前，在城市固体废物的产生和收集方面，可作堆肥的废物与其他不可降解和可循环再造的废物并没有被区分。因此，适当实施源头分类将为科学处置废物带来更好的选择和机会。看来减少废物仍将是越南面临的主要挑战之一，需要更严格地执行。目前，可产生的城市固体废物数量并无限制。

在一定程度上，垃圾丢弃的便利性也是造成城市固体废物越来越多的原因。因此，必须提倡纪律和良好的社会规范，并经常开展环境保护运动，以提高公众对都市固体废物管理的认识和自觉性。

城市地区的大部分固体废物正在露天倾倒场和不卫生的堆填区以不受控制的方式被处置。这种不科学的处理方法对环境、社区卫生和社会经济发展都产生了不利影响。因此，有必要分阶段将现有的露天倾倒场和不卫生的堆填区升级为卫生填埋场。堆填区应限于不可降解的惰性废物及其他不适合循环再造或生物处理的废物。堆肥在越南越来越受欢迎。然而，为了使这项技术的应用获得成功，需要一个稳定的市场。

（二）建议举措

随着人口的增长和垃圾产生率的提高，垃圾越来越多，这对越南政府建立合理的城市生活垃圾管理体系是一个挑战。近年来，越南的都市固体废物管理受到各级政府和社区的高度重视。废物管理薄弱是发展中国家普遍面临的一个日益严重的问题。有必要在国际社会中采取具体行动，在各级建立和鼓励新的合作、伙伴关系和协调形式，以便为提供和改进废物管理服务作出有效贡献。一是从现在到2025年和2025年后，要根据实际情况调整环境保护的方向和战略。二是建立适当的机制，推动符合越南国情的技术发展政策（包括产品生产技术和废物处理技术），以尽量减少产生的废物量，并提高每种特定废物的回收率和再利用率。三是政府和地方当局需要推动目前仍然大量存在的非正式、开放和不卫生的垃圾场的升级改造。非法倾倒对当地居民的健康和生活质量造成了负面影响，将这些非正式的垃圾场变成卫生的和正式的垃圾场，并在地方当局的密切管理下运作，是解决非法倾倒的另一个办法。四是减少环境破坏。需要采用例如防止渗滤污水和收集堆填气体等适当措施，否则将只能眼看着堆填区周围变成"癌症村"。为了保护周围环境和居民，政府有必要根据垃圾填埋场的实际情况制定相应的法律框架。五是加大废物管理和处理的投资并丰富投资来源，维持投资来源的可持续性，以确保废物收集及处理系统的运作和维修。六是推广源头分类非常重要。事实上，在越南，由于没有以适当的速度对废物进行分类，导致市场上回收产品的价格上涨，公司需要向工人支付更多的费用，以便在输入环节对废物进行分类。那些在大城市的部分地区试验过的模式需要在全国其他地区实施。增强回收意识的公共运动和在学校对孩子们的教育是帮助越南培养从源头上分离废物的习惯的一些方法。

结　语

过去 10 年来，越南强劲的经济增长和城市化速度将固体废物管理问题推到了环境挑战的前沿，越南要想继续走上工业化道路，就必须应对这些挑战。城市人口产生的固体废物量急需越南政府行动起来。显然，目前的固体废物管理系统不尽如人意，需要以一种极端的方式加以解决。

越南政府近年来在环境保护方面取得了成功。固体废物管理应注重吸取其他国家的相关经验，选择合适的固体废物管理模式和技术（CTRSH）。越南需要权衡利弊，加强城市固体废物的管理。重要的是施行废物源头分类、废水再利用和政府发布持续的和有针对性的环境保护法规等。

Challenges for Municipal Solid Waste Management in Vietnam

Nguyen Thi Phuong Lan

Abstract　Management of solid waste, including the Municipal Solid Waste (MSW), is a major challenge in urban regions of most part of the world, including Vietnam. Due to the lack of effective management programs, regulations, and policies, the waste is causing severe health hazard including several communicable diseases, bad odors, nuisance, and environmental impacts, such as, contamination of water, soil, and air. In this paper, the main objectives are introducing the major current situation of municipal solid waste management in Vietnam as well as identifying challenges in management. Finally, the aim is also to propose action plans to help developing and improving the system of waste management as well as people's living quality in Vietnam.

Key Words Municipal Solid Waste; Open Solid Waste Landfill; Composting; Incineration; Recycling

Author Nguyen Thi Phuong Lan, Thuy Loi University (TLU), Faculty of Chemistry and Environment, Lecturer.

柬埔寨能源发展战略：现状与展望

潘哈里斯·隆（著）　　陈园园（译）*

【摘要】柬埔寨政府认识到能源服务对经济活动、社会发展和人民生活质
　　　量至关重要，因此将增加能源供应、降低能源成本和提高国家能源
　　　的可靠性和安全性列为主要优先事项。此外，政府还相当重视能源
　　　开发对环境和社会可能造成的副作用。柬埔寨能源领域在过去几十
　　　年中经历了巨大的转变并取得了重大的进展，该领域的投资前景广
　　　阔，作为农村电气化基金的一部分，水电厂和太阳能发电厂可获得
　　　高达总投资成本 25% 的补贴。然而，柬埔寨也面临可能制约其发展
　　　的若干问题，比如基础设施和人力资源不足等。

【关键词】能源发展；投资机遇和挑战

【作者简介】潘哈里斯·隆（Panharith Long），柬埔寨合作与和平研究院，
　　　研究员。

　　在过去的 20 年里，柬埔寨经济增长显著，年均 GDP 增长率达到 7%，
使其在 2015 年晋升为中等偏下收入国家[①]。预计柬埔寨有望在 2030 年以
前从中等偏下收入国家晋升为中等偏上收入国家，在 2050 年以前成为高收

---

　　* 陈园园，广西大学国际学院，《中国—东盟研究》编辑。

　　① Sodeth Ly, "Cambodia Is Now a Lower – middle Income Economy：What Does This Mean？", *East
　　Asia & Pacific on the Rise*, August 11, 2016, http：//blogs. worldbank. org/eastasiapacific/cam-
　　bodia – is – now – a – lower – middle – income – economy – what – does – this – mean，登录时
　　间：2018 年 12 月 15 日。

入国家①。迄今为止，不可否认的是，能源领域作为柬埔寨主要生产来源之一，在提高柬埔寨人民生活水平方面发挥了巨大的作用。

目前，仅有约69%的柬埔寨人口可以获得电力。这意味着约有500万柬埔寨人口仍然只能依赖汽车电池、木材和其他传统燃料作为能源②。在日常的家庭烹饪当中，62%的家庭使用木柴，5%的家庭使用木炭，31%的家庭使用液化石油气，仅有2%的家庭使用电力③。用电成本高昂不仅成为贫困家庭的负担，更对柬埔寨的比较优势和竞争力产生了不利的影响，降低了其投资吸引力。

鉴于能源服务对于经济活动、社会发展以及人民生活质量的重要性，柬埔寨王国政府已经将提高能源覆盖率、降低能源成本以及提高国家能源安全列为优先发展的事项之一④。此外，作为2015年联合国气候变化大会达成的《巴黎协定》的缔约国之一，柬埔寨王国政府也十分重视能源发展可能对环境和社会带来的影响⑤。

一、柬埔寨能源发展现状

在过去的几十年间，柬埔寨能源领域经历了巨大的变革，取得了极大的进步。2007年，柬埔寨消耗能源约1.5吉瓦（GW），其中将近85%完全由以柴油和重燃油为燃料的小型独立电网提供⑥。10年后的2017年，柬

---

① "Cambodia Aims to Become 'developed Country' by 2050：PM.", Xinhuanet, March 15, 2018, http：//www.xinhuanet.com/english/2018 - 03/15/c_ 137041624.htm, 登录时间：2018 年 12 月 15 日.

② 在2017年，柬埔寨69%的家庭已经接入电网。Electricity Authority of Cambodia（EAC），*Salient Features of Power Development in Kingdom of Cambodia*, 2018.

③ "Cambodia - Beyond Connections：Energy Access Diagnostic Report based on the Multi - tier Framework（English）", World Bank, 2018. https：//openknowledge.worldbank.org/handle/10986/29512, 登录时间：2018 年 12 月 15 日。

④ Pheakdey, H. *Toward a Low Carbon Energy Transition in Cambodia*, Phnom Penh：Enrich Institute, 2018.

⑤ Phal Niseiy Sao, "Cambodia's Path to Fulfill the Paris Climate Agreement", *Mekong Eye*, July 17, 2017, https：//www.mekongeye.com/2017/07/15/cambodias - path - to - fulfill - the - paris - climate - agreement/, 登录时间：2018 年 12 月 4 日。

⑥ "Cambodian Energy Sector：Overview of Potential Electricity Sector Opportunities", *BEAM Exchange*, June, 2018, https：//beamexchange.org/uploads/filer_ public/63/78/6378e323 - b591 - 4c0c - bbf9 - cb94e7f7df45/cambodia - electricity - sector - overview_ compressed.pdf, 登录时间：2018 年 12 月 4 日。

埔寨能耗增长了 5 倍，约达 8.2 吉瓦，更重要的是，发电方式已经从以柴油和重燃油为燃料转向以煤炭和水力发电为主[1]。能耗的大幅度增长主要得益于政府设计和建立了供公众使用的输配电并网线，并通过城乡电气化计划提高了国内发电量。2017 年底，国家电网电线已经覆盖了全国 81% 的村庄和将近 68.5% 的家庭[2]。国家电网是束埔寨国内电力的主要输送渠道，接收来自国内和国外发电厂的电力。到目前为止，国家电网为 30 个二级电站输送电力，覆盖了 19 个省市。到 2020 年，《国家电网总体规划》（National Grid Master Plan）要求政府将电网覆盖范围扩大到全国所有 25 个省市。

　　束埔寨的电力主要来自国内发电厂和外国发电厂。过去，束埔寨能源需求的增长主要通过从越南、泰国和老挝等邻国进口来满足。进口电量在 2010~2012 年达到顶峰，占国内总消费量的 60% 以上。随着水电站和煤炭厂投入使用，到 2018 年底，束埔寨进口电量开始下降到 442 兆瓦（MW），在 2650 兆瓦的全年用电中占 16.67%[3]。

　　2016 年，束埔寨全年发电量达到 1682 兆瓦，其中包含了水电（930 兆瓦，占 55%），煤炭发电（429 兆瓦，占 26%），柴油和重燃油发电（305 兆瓦，占 18%）以及生物能发电（18 兆瓦，占 1%）。[4] 2017 年，煤炭发电量提升了 135 兆瓦，一家 10 兆瓦的太阳能发电站也开始投入运营。除此以外，下桑河二号（Lower Sesan Ⅱ）大坝也于 2018 年启用，满负荷达 400 兆瓦。[5] 目前，水力发电和煤炭发电的贡献率基本处于同一水平，占比分

① "Cambodian Energy Sector: Overview of Potential Electricity Sector Opportunities", *BEAM Exchange*, June, 2018, https://beamexchange.org/uploads/filer_public/63/78/6378e323 - b591 - 4c0c - bbf9 - cb94e7f7df45/cambodia - electricity - sector - overview_compressed.pdf, 登录时间：2018 年 12 月 4 日。

② Cheng Sokhorng, "Kingdom More Energy Independent", *Phnom Penh Post*, January 05, 2018, https://www.phnompenhpost.com/business/kingdom - more - energy - independent, 登录时间：2018 年 12 月 4 日。

③ Vannak Chea, "Cambodia Has Wind Energy Potential - Study," *Khmer Times*, March 12, 2019, https://www.khmertimeskh.com/50585976/cambodia - has - wind - energy - potential - study/, 登录时间：2019 年 3 月 13 日。

④ Electricity Authority of Cambodia. *Report on Power Sector of the Kingdom of Cambodia* 2017 Edition.

⑤ Koemsoeun Soth, "Lower Sesan II Dam Opens", *Phnom Penh Post*, December 18, 2018, https://www.phnompenhpost.com/national/lower - sesan - ii - dam - opens, 登录时间：2018 年 12 月 4 日。

别为 46.8% 和 43.7% 。尽管如此，即使水力发电量是煤炭发电量的两倍，水电站的生产能力只在雨季才能得到充分发挥；而在旱季，由于蓄水不足，水电站的发电量显著下降。

随着水力发电量的增长，2017 年柬埔寨能够在雨季做到电力的自给自足。然而，在旱季，它仍然主要依赖于从越南进口电量以应对国内缺电问题，并保证白天的用电量和电网稳定。首都金边及周边地区用电量约占全国的 70% ，该地区的柴油和重燃油发电厂容量约 200 兆瓦。[①]

二、柬埔寨的能源发展战略

柬埔寨王国政府正在实施国家发展战略《四角战略》（*Rectangular Strategy*）第四阶段（2018~2023 年），正好与第六届国会的任期相重合。[②] 改善能源领域是《四角战略》第二阶段——经济多样化的目标之一。《四角战略》第四阶段将通过《国家战略发展规划（2019－2023）》（*National Strategy Development Plan*（2019－2023））得以落实，该规划目前仍在起草当中。具体而言，柬埔寨国家能源领域发展政策的主要目标是努力实现可满足需求的、民众负担得起的、符合可持续发展的能源供应，以支持经济发展。

由于《国家战略发展规划（2019－2023）》仍在起草之中，政府的能源发展战略主要通过《国家战略发展规划（2014－2018）》（*National Strategy Development Plan*（2014－2018））体现。《国家战略发展规划（2014－2018）》强调，尽管已经在扩大供电网络覆盖率、降低电费和强化体制方面取得进步，但是能源领域的进一步发展对于提高竞争力和实现可持续经济增长仍然至关重要。[③] 国家战略发展规划中八个主要能源发展目标如下：

（1）进一步提高低成本和高容量的发电能力，特别是可再生能源的发

① "Cambodian Energy Sector: Overview of Potential Electricity Sector Opportunities", *BEAM Exchange*, June, 2018, https://beamexchange. org/uploads/filer _ public/63/78/6378e323 – b591 – 4c0c – bbf9 – cb94e7f7df45/cambodia – electricity – sector – overview_ compressed. pdf, 登录时间：2018 年 12 月 4 日。

② "Rectangular Strategy Phase IV", *International Relations Institute of Cambodia*, http://iric. gov. kh/rectangular – strategy – phase – iv – in – khmer/, 登录时间：2018 年 12 月 4 日。

③ The Council for the Development of Cambodia, "Cambodia National Strategic Development Plan 2014 – 2018", http://www. cdccrdb. gov. kh/cdc/documents/NSDP_ 2014 – 2018. pdf, 登录时间：2018 年 12 月 4 日。

电能力，同时完善各级输电线路，加强能源安全，确保高效率供电和配电。确保用电质量可靠且经济实惠，满足发展需求。

（2）鼓励私营部门对发电和输配电基础设施进行投资，注重提高技术和经济效率，减轻环境和社会影响。

（3）加快实施城乡电气化战略（第81～90段），在2020年或以前，实现柬埔寨村村联通国家电网或从其他来源获取电力的目标。

（4）加大对农村电气化基金的支持，通过柬埔寨电力公司基金和其他政府预算拨款以及发展伙伴的财政支持，让人人都有电可用。

（5）降低非高峰时段的用电税费，探索合理化用电方式，以服务生产和灌溉系统，提高农业生产力，加快工业和手工业发展。

（6）加快油气勘探和商业化开采。油气为柬埔寨长期经济发展提供资源，潜力巨大，对于柬埔寨的能源安全至关重要。

（7）加强能源领域的机构能力、人力资源规划和管理。

（8）继续积极参与大湄公河次区域框架下的能源合作。①

此外，根据《2015－2025工业发展政策》（*Industrial Development Policy*2015－2025），政府已经降低了特定工业区的电力费用，扩张了输电网络，提高了供电稳定性。②政府在《2015－2025工业发展政策》中指出，工业发展面临的挑战是用电成本高以及供电不足，导致国内外投资商在柬埔寨投资的意愿降低。为了实现经济和工业发展目标，《2015－2025工业发展政策》同时呼吁再次对国家长期的能源供求进行预测评估。

三、柬埔寨能源领域的关键机构和投资机遇

柬埔寨电力公司（Electricité du Cambodge）是柬埔寨矿业能源部（Ministry of Mines and Energy）与经济和财政部（Ministry of Economy and Finance）下属的国有电力供应机构。该机构负责全国电力的采购、传输和

---

① The Council for the Development of Cambodia, "Cambodia National Strategic Development Plan 2014－2018", http：//www.cdccrdb.gov.kh/cdc/documents/NSDP_2014－2018.pdf，登录时间：2018年12月4日。

② Ministry of Industry and Handicraft, "Cambodia Development Policy 2015", 2015, http：//www.mih.gov.kh/File/UploadedFiles/12_9_2016_4_29_43.pdf，登录时间：2018年12月3日。

分配。事实上，柬埔寨电力公司是唯一一家拥有全国电力供应权的机构。此外，矿业能源部、柬埔寨电力局（Electricity Authority of Cambodia）和柬埔寨电力公司三家单位已经共同开展 2015～2020 年电价优先计划以降低用电成本。目前，居民用户用电价格为 0.18 美元/千瓦时，主要工业用户用电价格为 0.16 美元/千瓦时。到 2017 年，政府在全国范围内提供 5100 万美元贷款以减少低收入居民用户的电费。①

此外，柬埔寨电力发电机构分为独立发电机构和综合持牌机构两种。②一方面，独立发电机构持证发电并通过电力采购协议将其出售给柬埔寨电力公司等供电机构或用电行业。另一方面，综合持牌机构，如柬埔寨电力公司和其他乡电企业，则为连接其配电线路的用户发电。除此以外，还有两种许可证持牌机构有权输电：一种是国家输电许可证持牌机构，即柬埔寨电力公司，有权在全国范围内为配电网络供电；另一种是特殊用途许可证持牌机构，有权拥有、经营和管理特定的、用于进行大量电力输送和销售的输电设施。

截至 2016 年，柬埔寨国内 90.9% 的发电量（占总能源的 97.5%）来自独立发电机构，另有 2.35% 的发电量来自经营独立发电和配电系统的私营企业。大多数独立发电机构要么完全为外国投资者和开发商所有，要么由外国投资者和开发商与当地企业合资成立。迄今为止，大部分外国投资来自中国，其余投资来自日本、马来西亚和越南。

柬埔寨能源领域前景广阔，投资潜力巨大。其中最有潜力的是水力发电站和太阳能发电站，作为农村电气化基金的一部分，它们可以获得高达投资总成本 25% 的补贴。

此外，由于地处热带，太阳辐射强，柬埔寨拥有丰富的太阳能资源。在这个基础之上，柬埔寨境内约 134500 平方公里的面积具有开发太阳能光伏发电的潜力。③ 在风能方面，根据柬埔寨的地理条件，可以在洞里萨湖

---

① "Energy in Cambodia", *Netherlands Worldwide*, 2018, https：//www.netherlandsworldwide.nl/documents/publications/2018/10/04/energy－in－cambodia.，登录时间：2019 年 1 月 5 日。

② "Cambodia：Energy Sector Assessment, Strategy, and Road Map", *Asian Development Bank*, December, 2018, http：//dx.doi.org/10.22617/TCS189801，登录时间：2019 年 1 月 5 日。

③ The General Department of Energy, "Cambodia Basic Energy Plan", *The Economic Research Institute for ASEAN and East Asia*, 2019, http：//www.eria.org/uploads/media/CAMBODIA＿BEP＿Fullreport＿1.pdf，登录时间：2019 年 4 月 1 日。

南部、西南部山区以及西哈努克、贡布、白马和国公等沿海省市安装风力发电机，这些地区的年平均风速至少为 5 米/秒。以上地区的面积约占国土面积的 5%。[1] 在水能方面，柬埔寨的地理条件为建设水力发电提供了良好的环境，尤其是在柬埔寨西南部高原地区。[2]

作为一个以农业为主导的国家，柬埔寨有许多现成的农业副产品，比如稻壳和玉米渣。这些副产品所产生的生物量是现成的发电原材料。同时，动物粪便也可以用于生产沼气，也是一种能量原料。[3]

四、柬埔寨能源领域面临的限制与挑战

然而，柬埔寨也面临着阻碍其能源发展的若干制约因素与挑战，其中包括：①电网碎片化，供电不稳；②严重依赖水力和煤炭发电；③缺乏用于发展电网的财政资源；④电网覆盖率低，供电质量不高；⑤电力部门发展的机构和人力资源能力有限。[4]

目前，柬埔寨电网仍未实现整合。一个完全一体化的全国性网络将使柬埔寨电力公司能够在地区之间传输电力，将备用容量作为储备进行管理，优化网络性能。此外，电网用户的电价与未联网的用户电价存在差距，后者的电费更高。截至 2017 年，除了柬埔寨电力公司以外，约有 366 家经柬埔寨电力局授权向其电网用户供电的乡电企业。[5] 尽管政府可以监管柬埔寨电力局向电力分销商发放许可证的过程，且制定了到 2020 年覆盖全国所有乡村的目标，然而，到目前为止，柬埔寨还没有制定最低成本的电气化计划，将电网拓展范围覆盖到更多未联网用户。[6]

《2015 年电力发展计划》（2015 *Power Development Plan*）呼吁，从 2015

---

① Pheakdey Heng, *Toward a Low Carbon Energy Transition in Cambodia*, Phnom Penh：Enrich Institute, 2018.

② The General Department of Energy, "Cambodia Basic Energy Plan", *The Economic Research Institute for ASEAN and East Asia*, 2019, http：//www. eria. org/uploads/media/CAMBODIA_BEP_Fullreport_1. pdf, 登录时间：2019 年 4 月 1 日。

③ "Energy in Cambodia", *Netherlands Worldwide*, 2018, https：//www. netherlandsworldwide. nl/documents/publications/2018/10/04/energy – in – cambodia, 登录时间：2019 年 1 月 5 日。

④⑥ "Cambodia：Energy Sector Assessment, Strategy, and Road Map", *Asian Development Bank*, December 2018, http：//dx. doi. org/10. 22617/TCS189801, 登录时间：2019 年 1 月 5 日。

⑤ Electricity Authority of Cambodia, *Report on Power Sector of the Kingdom of Cambodia*, 2018.

年到 2030 年，要进一步推动发展大型水力发电和煤炭发电以增加发电量。[1] 该计划旨在减少柴油和燃油发电，同时减少对进口电力的依赖。然而，煤炭发电厂和大型水电站给环境、社会和经营带来了诸多影响。例如，煤炭发电厂向大气中排放了大量气体和有毒物质，比如二氧化碳、氮氧化物、硫氧化物等。

从经济角度而言，柬埔寨并非制造国，完全依赖进口，易受价格波动和供应变化的影响。同样，水电站的建设和结构可能会对渔业、农田造成严重的不利影响，并迫使当地居民搬迁。大坝蓄水甚至还会引发另一个环境问题，即甲烷气体排放到大气中，一定程度上形成温室气体，影响全球气候的变化。[2]

更重要的是，水电发电厂和煤炭发电厂的运营也引发了其他若干问题，尤其是将影响能源供求。水电站的发电量随着季节更迭而产生变化。在雨季，水源充足，水电站能够提供充足的发电量。然而在旱季，水源不足，水电站发电量骤减，导致供电不足。煤炭发电厂缺乏灵活性，也引发很多过度发电的问题，要减少其发电量只能关闭这些发电厂。

柬埔寨电力公司起初负责中级输电线的扩展。近年来，在发展伙伴的支持下，它已经建起了高压电和低压电的输电线。柬埔寨电力公司还致力于发展可再生能源项目的公私合作关系。然而，据亚洲发展银行估计，柬埔寨电力公司在 2016～2021 年将面临约 6 亿美元的财政缺口。[3] 柬埔寨电力公司只能通过利用财政资源、依靠发展伙伴资助、鼓励私人投资以及从国家预算中寻求更多的年度预算来解决财政不足的问题。乡电企业也面临着财政不足的问题，许多企业无力承担用于扩张低压电网的费用，因而需要补贴来发展农村地区的电网。

---

① Ministry of Energy, "Power Development Plan", 2014, http：//open_ jicareport. jica. go. jp/ pdf/11675097_ 03. pdf，登录时间：2019 年 3 月 4 日。

② Bobby Magill, "Hydropower May Be Huge Source of Methane Emissions", *Climate Central*, October 29, 2014, https：//www. climatecentral. org/news/hydropower – as – major – methane – e-mitter – 18246，登录时间：2019 年 1 月 5 日。

③ "Cambodia：Energy Sector Assessment, Strategy, and Road Map", *Asian Development Bank*, December 2018, http：//dx. doi. org/10. 22617/TCS189801，登录时间：2019 年 1 月 5 日。

《世界银行 2018 年营商报告》同时也指出了柬埔寨供电进度缓慢的问题。①新建筑物或工厂获得电力需要花费约 79 天。更准确地说，柬埔寨电力公司需要 75 天才能给新用户签发许可，需要 63 天才能完成外部连接工作，比如安装电表等。这一漫长的过程加上高昂的通电费用使柬埔寨电气化率比其他邻国都要更低。

柬埔寨电力公司通过私营部门以及公私伙伴关系来提高生产清洁能源的能力仍然有限，需要积累更多结构化竞投标的经验，即需要标准化的招投标文件与电力采购协议样本，以及优化的投资建议书审查程序。

五、柬埔寨能源领域的发展前景

柬埔寨能源领域正朝着正确的方向发展。为了实现发展目标，柬埔寨必须进一步完善基础设施。

第一，通过减少价格高昂的进口电力，目前的供电成本已经有所降低。此外，柬埔寨必须继续扩张电网，完成电气化进程，将现代化的能源服务普及到家家户户，进一步将电价降低到与邻国同等水平。

第二，重点关注全行业领域的能源节约问题，包括交通和烹饪行业的电力和燃料使用，这对于防止需求上涨、降低对煤炭和其他化石燃料的依赖至关重要。这种方式可以使柬埔寨走上低碳发展道路。

第三，应该继续加快发电方式转变，从过度依赖水力和煤炭发电转向其他可负担得起的可再生能源发电，比如太阳能和风能发电。太阳能等可再生能源可以对水电进行补充，帮助满足日间需求，并弥补旱季期间因水库蓄水薄弱而发电不足的问题。

第四，可以利用现有的水电站水库开发漂浮式太阳能电池板，减少因建设太阳能发电厂而需占用大规模土地和铺设大量输电线路、终端和变电站的问题。通过使用基本可再生资源来提供多样化的电力供应，柬埔寨的能源安全将能得到保障。

第五，需加大补贴以帮助贫困家庭支付电网连接费用。通过农村电气

---

① "Doing Business 2018: Reforming to Create Jobs", World Bank, 2018, https://www.doingbusiness.org/content/dam/doingBusiness/media/Annual - Reports/English/DB2018 - Full - Report.pdf, 登录时间：2019 年 1 月 5 日。

化基金的补贴款, 柬埔寨电力公司和发展伙伴向农村家庭和电力许可证持有者提供补贴支持, 提高电气化程度。

第六, 更为重要的是, 要实现 2030 年的目标, 需要政府和私营部门的大力参与。同时政府也需要强化机构能力, 开发人力资源, 提高在能源领域的规划和管理能力。

Cambodian Strategy for the Development of Energy: Current Progress and Future Prospect

Panharith Long

Abstract　With the understandings that the energy services are essential to economic activity, social development and quality of the population's lives, the Royal Government of Cambodia has outlined the key priorities which includes the increase of energy access, reduction of the cost of energy and improvement of the country's energy reliability and security. Alongside, the government also takes into account considerably about the side effect related to environment and society. The Cambodian energy sector has experienced a huge transformation with astronomical progress in the past decades. Regarding the investment prospect, there is a number of investment opportunities in the energy sector of Cambodia. On top of it, for instance, as part of rural electrification fund, hydropower plants and solar power systems are entitled to receive subsidies up to 25% of the total investment cost. Nevertheless, Cambodia is also facing several issues regarding physical infrastructure and human capacity that could hinder the realization of its objectives.

Key Words　Energy Development; Investment Opportunities and Challenges

Author　Panharith Long, Cambodian Institute for Cooperation and Peace, Research Fellow.

中国—马来西亚港口联盟：软设施互联互通案例分析

饶兆斌（著）　　李希瑞（译）*

【摘要】本文讨论了中国—马来西亚港口联盟的起源、内容和潜在影响。中国—马来西亚港口联盟于 2016 年成立，成员包括中国和马来西亚所有主要港口。鉴于该联盟旨在通过政策沟通、信息共享、成功经验和规范标准的相互学习、兼容且高效的跨境管理系统、一致的条例和双方良好的合作精神来加强互联互通，该联盟被认为是基础设施软联通的一种。本文回顾了马来西亚政府的港口发展政策，分析了该联盟如何帮助马来西亚实现其目标。中国—马来西亚港口联盟的主要内容包括信息交换、人员培训、港口和船只互联互通。同时，联盟还将帮助中国港口投资在未来进入马来西亚。此外，本文还讨论了该联盟的局限性，例如马来西亚政治变化所导致的不确定性、发展进度迟缓，以及来自东盟互联互通的影响。

【关键词】中国—马来西亚港口联盟；软设施互联互通；马来西亚港口政策；东盟互联互通；"一带一路"倡议

【作者简介】饶兆斌（Ngeow Chow－Bing），马来亚大学中国研究所，所长、博士。

自从习近平主席在 2013 年访问哈萨克斯坦和印度尼西亚期间提出

---

*　李希瑞，广西大学国际学院，《中国—东盟研究》编辑。

"一带一路"倡议以来，尽管中间出现一些变化，但是数届马来西亚政府在总体上一直给予积极回应。因此，中国在马来西亚基础设施领域的经济存在感大幅提升。在"一带一路"倡议框架下发展的大型项目包括马来西亚—中国关丹产业园、马六甲皇京港、东海岸铁路衔接计划、大马城等。①

除了这些大型基础设施项目，马来西亚和中国也发起了知名度较低的双边海洋合作机制，即中国—马来西亚港口联盟。这无论是对于中国还是马来西亚而言，都是其与其他国家成立的首个港口联盟，这是一种"软设施联通"。这里的"软设施联通"指的是通过政策沟通、信息共享、成功经验和规范标准的相互学习、兼容且高效的跨境管理系统、一致的条例和双方良好的合作精神来加强互联互通。② 换言之，当港口、铁路、公路、工业园等硬设施让贸易成为可能时，软设施促进了贸易发展、扩大了贸易范围。在国际贸易中，港口管理者、经营者、船运公司、货运代理公司的重要性往往不亚于货物的制造商和生产者以及使货物运输成为可能的基础设施，但它们的作用在文献中往往被忽视。中国—马来西亚港口联盟（以下简称"中马港口联盟"）的成立旨在加强港口管理者和运营者间的合作。因此，该联盟应被看作"一带一路"建设的一部分。联盟的成功将会极大地提升中马两国间的贸易、投资和物流联通水平。

本文将简要介绍马来西亚港口的发展概况，讨论中马港口联盟的起源和内容，最后将对该联盟进行分析和总结。

---

① Ngeow Chow - Bing, "Economic Cooperation and Infrastructure Linkage between Malaysia and China under the Belt and Road Initiative", in Fanny M. Cheung and Ying - yi Hong eds, *Regional Connection under the Belt and Road Initiative: The Prospects for Economic and Financial Cooperation*, New York: Routledge, 2018, pp. 164 - 191; Ngeow Chow - Bing, "The Five Areas of Connectivity between Malaysia and China: Challenges and Opportunities", in Yue Yang and Fujian Li eds., *The Belt and Road Initiatives: ASEAN Countries' Perspectives*, Singapore: World Scientific, 2019, pp. 117 - 139.

② 经济学家们指出，在加强互联互通方面，"软设施"与"硬设施"同样重要。参见 Biswa Nath Bhattacharyay, "Strengthening Transport Infrastructure Connectivity Policies for Inclusive and Sustainable Asia," in *The Economics of Infrastructure Provisioning: The Changing Role of the State*, edited by Arnold Picot, Massimo Florio, Nico Grove, Johann Kranz (Cambridge, MA: MIT Press, 2015), 339 - 354; Tasneem Mirza and Eleanor Bacani, "Addressing Hard and Soft Infrastructure Barriers to Trade in South Asia," Asia Development Bank South Asia Working Paper Series No. 16 (February 2013).

一、马来西亚港口概况①

马来西亚是一个贸易国家，贸易总量大约占全国国内生产总值的30%，货物通过港口进出也凸显了马来西亚港口的重要性。在20世纪80年代之前，马来西亚依赖于新加坡来进出口货物。从那以后，马来西亚政府有意识地采取了更协调一致的努力，带头发展关键港口。港口发展的主要政策包括指定巴生港为国家装载中心、丹戎帕拉帕斯港的绿地开发、私有化和引入竞争。

国家装载中心旨在将巴生港发展成为马来西亚主要的进出港。巴生港靠近巴生谷，那里是马来半岛工业化最发达的地区。因此，将巴生港发展成为主要的进出港是有道理的，但是多年的投资不足和缺乏效率削弱了其战略地位，直到20世纪80年代，政府才开始认真建设。在建设国家装载中心政策的框架下，为了让该港口具有竞争力和吸引力，政府进行投资并给予政策优待，即使没有强制要求所有贸易商都必须通过该港口来进出口。② 政府还将港口运营私有化③，成立了两个机构，即北港和西港，分别由外国公司持有部分股份。北港和西港在经营和所有权上实际是两个独立的实体，马来西亚政府鼓励它们相互竞争，希望它们更高效、更具竞争力，避免陷入低效的垄断。

丹戎帕拉帕斯港距离新加坡港不远，主要作为船只中转中心来建设，

---

① 除非特殊说明，本节内容参考的文献包括：Chia Lin Sie, Mark Goh, and Jose Tongzon, "Southeast Asian Regional Port Development: A Comparative Analysis" (Singapore: Institute of Southeast Asian Studies, 2003); Hanizah Idris, "Pembangunan Infrastruktur Pelabuhan Utama Malaysia Dalam Konteks Serantau Dan Global (The Development of Malaysian Port Infrastructure in the Regional and Global Contexts)", in Asia Tenggara Kontemporari (Contemporary Southeast Asia), ed., Hanizah Idris (Kuala Lumpur: Penerbit Univeriti Malaya, 2006), 133 – 157; Hanizah Idris, Mohammad Raduan Mohd Ariff and Hanafi Hussin, "Strengthening the Profile of Malaysian Ports and Their Role in the National and Regional Port System," In The Development of Maritime Sector in Malaysia, eds. Hanizah Idris and Tan Wan Hin (Kuala Lumpur: Institute of Ocean and Earth Sciences, University of Malaya, 2010), 45 – 66; Leong Choon Heng and Sung Woo Lee, "Malaysian Port Policy: Concentration or Dispersion?" International Journal of Maritime Affairs and Fisheries 4, No. 1 (June 2012): 57 – 81; Egide van der Heide, "Port Development in Malaysia: An Introduction to the Country's Port Landscape", Report of the Embassy of the Kingdom of the Netherlands in Malaysia (Kuala Lumpur: n. d.).

② Leong and Lee, "Malaysian Port Policy".

③ 管理者是巴生港务局，是政府的法定机构。

旨在与新加坡竞争。政府投入了大量的资金来建设基础设施，配备最先进的技术手段。丹戎帕拉帕斯港也受益于与丹麦船运巨头马士基公司的伙伴关系，这让其在 20 世纪 90 年代取得了惊人的增长。

如今，巴生港和丹戎帕拉帕斯港已经发展成为主要港口，分别位列世界第 12 和第 18 最繁忙的港口。在 2018 年，巴生港的吞吐量约为 1232 万标准集装箱，而丹戎帕拉帕斯港的吞吐量则为近 900 万标准集装箱。①

巴生港和丹戎帕拉帕斯港都归中央政府的交通部管理，同时，槟城港、关丹港、甘马挽港、柔佛港和民都鲁港都归该部管理，几乎所有这些港口都成为了巴生港和丹戎帕拉帕斯港的喂给港和支线港。州政府也管理着自己的港口，但是大多运力较低，有些港口具有特殊用途，例如专门经营石油和天然气的转运或从事邮轮旅游。作为马来西亚东部主要港口的关丹港已经与广西北部湾国际港务集团建立了伙伴关系，该集团是马来西亚—中国关丹产业园（以下简称"关丹产业园"）的主要投资方。关丹港和关丹产业园现正升级基础设施，目标是成为马来西亚东海岸、泰国湾和中南半岛南部的重要区域中心。

现在，巴生港和丹戎帕拉帕斯港一起承担了东南亚地区大约 1/4 的集装箱运输，约占世界集装箱运输的 3%。② 然而，马来西亚历届政府希望打败新加坡，成为主要的区域航运转运中心的目标仍未实现。新加坡仍旧是世界第二大最繁忙的港口，在 2018 年的吞吐量达到 3660 万标准集装箱。业内人士指出，尽管这两个马来西亚港口取得一定发展，但是仍存在缺点和问题。北港、西港和丹戎帕拉帕斯港之间的竞争可能会变得过度，损害彼此利益。此外，在过去 10 年间，随着三大航运联盟的形成，国际船运格局发生变化，带来了许多不确定性和挑战，而马来西亚的港口尚未做好充分准备。③

① "Top 50 World Container Ports," World Shipping Council, http：//www. worldshipping. org/a-bout – the – industry/global – trade/top – 50 – world – container – ports，登录日期：2020 年 2 月 11。

② "About RM5b Needed to Expand 3 Malaysian Ports, says RAM Ratings," The Star, July 19, 2017，https：//www. thestar. com. my/business/business – news/2017/07/19/about – rm5b – needed – to – expand – 3 – malaysian – ports – says – ram – ratings/.

③ Kamarul Azhar, "Lacking a National STrategy, Malaysian Ports Lose Out to Singapore", The Edge, February 27, 2019, https：//www. theedgemarkets. com/article/lacking – national – strategy – mal-aysian – ports – lose – out – singapore.

二、中国—马来西亚港口联盟

在 2015 年 11 月中国总理李克强访问马来西亚期间，在两国总理的见证下，时任马来西亚交通部部长廖中莱和时任中国交通运输部部长杨传堂签署了中国—马来西亚港口联盟谅解备忘录。该联盟最初覆盖了两国共 16 个港口，后来扩展到 21 个。根据备忘录，该联盟旨在"通过开展合作，深化双方友谊、加强相互理解"，合作形式包括港口研究、人员培训、信息交流、技术支持和相互推广。[①] 中马港口联盟首次会议于中国宁波举行，来自中马交通部的领导以及各成员港口的官员出席了会议。联盟设立了两个秘书处。巴生港务局内成立马来西亚秘书处，中国港口协会内成立中国秘书处，总部位于上海。中国—马来西亚港口联盟成员见表1。

表1 中国—马来西亚港口联盟成员

中国	马来西亚
• 上海国际港务（集团）有限公司	• 巴生港务局
• 大连市港口与口岸局	• 民都鲁港务局
• 江苏太仓港口管理委员会	• 柔佛港务局
• 福建省福州港口管理局	• 关丹港务局
• 厦门港口管理局	• 马六甲港务局
• 广州港务局	• 槟城港务局
• 海口市交通运输和港航管理局	• 甘马挽港务局
• 广西壮族自治区北部湾港口管理局	• 沙巴港务局
• 宁波舟山港集团有限公司	• 古晋港务局
• 深圳市交委港航和货运交通管理局	
• 青岛港（集团）有限公司	
• 天津港集团有限公司	

此次宁波会议还决定了年度联席会议机制，讨论了落实谅解备忘录所列合作的行动计划。此外，会议还指出，中马港口联盟应成为鼓励两国航

[①] 谅解备忘录可见：https：//cmpa. asia/index. php/en/event/edocument/category/8 – port – alliance.

运和物流业加强联系、促进港口和港口管理企业相互投资和发展综合港口
工业园区的平台。① 值得注意的是，备忘录并未详细说明商业和投资活动，
但是这可被视为未来联盟的附加功能。

自在宁波举行首次会议以来，中马港口联盟年度会议已经举办了三
次，分别是 2017 年 10 月在吉隆坡，2018 年 11 月在天津，2019 年 8 月在
吉隆坡。会议通常由东道国的交通部长主持，来访代表团由所代表国家交
通部的高级官员率领。除了年度会议，两个秘书处也在每年举办多次联席
会议，使联盟交流制度化，保证了联盟的连续性。同时，这些会议也使得
中马双方能够积极落实具体合作项目，评估进展和挑战，规划主要方向。

奇怪的是，就马方而言，只有各港口的港务局能够成为中马港口联盟的
会员，私有化码头运营商只能成为"非正式成员"。除了码头运营商，包括
航运公司、货运代理公司、物流公司、货运公司等与港口业务有关的组织都
被排除在联盟之外，这是为了确保中马港口联盟的重点是以政策和服务为导
向。但是，中方却不同，港口管理局和上海国际港务（集团）有限公司等港
口运营商都被允许成为联盟的正式成员。这主要是因为绝大多数的港口运营
商都是国有企业，被认为是政府的延伸而非纯粹的商业组织。②

（一）信息交换和共享

在联盟成立之前，中马两国的港口都抱怨称关于对方的信息过于分
散，且更新太慢。双方都对彼此的港口格局所知甚少，因此，推进如开辟
新航线等合作受限。由此看来，一站式信息中心是十分必要的。

双方采取了数项行动来实现该目标。第一，所有中马港口联盟成员的
网站都被相互关联。第二，联盟新建设了两个网站。中文网站由中国港口

---

① "Kong: Port Links will Spur Growth", *The Star*, May27, 2016, https://www.thestar.com.my/news/nation/2016/05/27/kong-port-links-will-spur-growth-deal-with-china-will-boost-trade-ties; "Zhongma Gangkou Lianmeng Zai Ningbo Juxing Shouci Huitan (The First Meeting of CMPA Held in Ningbo," *China-Malaysia Port Alliance*, http://www.port.org.cn/info/2016/193597.htm，登录日期：2019 年 11 月 22 日。

② 来源于笔者 2020 年 1 月 10 日对一名巴生港务局高级官员进行的访谈。然而，这也导致了一种情形，即对于马来西亚而言，所有港口在管理者和运营商之间都有明确的区分，而中方的一些成员却同时扮演着两种角色，因此，在会议期间，常常出现中方港口官员希望与马方官员就商业草案进行讨论的情况。

协会主办①，马来语（英语）网站则由巴生港务局负责②。两个网站都用于宣传并发布中马港口联盟的成果。第三，中文版的联盟网站也在每季度发布中马港口联盟信息交流公报。这份公报在每季度都发布中国各成员港口的统计数据，规章制度以及与项目投资、航运和港口业务相关的信息。第四，在每次的年度联席会议上，两国的港口成员都分别进行自我介绍，突出各自港口的优势、擅长的领域、未来规划和发展方向。成员之间的直接交流也为澄清误解、了解最新发展提供了机会。同时，中马港口联盟也成为建立联络、提供重要港口和航运一手信息的平台。

（二）人员培训和能力建设

前马来西亚交通部长廖中莱在陈述中马港口联盟能带来的好处时表示："我们多年来致力于两国间的技术转移、人员能力建设和人才培训。中国在港口技术、货运代理、集装箱中转等方面处于领先水平，我们正在对两国的海关瓶颈问题进行研究。"③ 中马港口联盟马来西亚秘书处于2016年12月发布的简报表示，马方成员希望向中方成员学习"如何增加辅助性服务的供应来支持航运公司"④。

世界银行通过两个非常有用的数据库来评估物流和港口表现水平。物流绩效指数通过通关效率、基础设施质量、物流服务质量、航运安排便利度、跟踪系统和及时性等方面来评估物流能力。根据综合物流绩效指数（2012～2018），中国以3.6分位列全世界第27名，马来西亚以3.54分位列第35名。⑤ 但是，在2017年发布的港口设施质量指数排行榜上，马来西亚5.4的得分要高于中国4.6的得分。⑥ 港口设施质量指数通过对企业高管的看法进

---

① 见 http：//www.port.org.cn/alliance/index.htm。
② 见 https：//cmpa.asia/index.php/en/。
③ Amy Chew，"China，Malaysia Tout New 'Port Alliance' to Reduce Customs Bottlenecks and Boost Trade"，*South China Morning Post*，April 9，2016，https：//www.scmp.com/news/asia/southeast – asia/article/1934839/china – malaysia – tout – new – port – alliance – reduce – customs，登录日期：2020年2月11日。
④ "China – Malaysia Port Alliance 2nd Quarter Report（October – December 2016）"，https：//cmpa.asia/index.php/en/event/edocument/category/2 – malaysia，登录日期：2020年2月11日。
⑤ 德国4.19分，位列第一；新加坡4.05分，位列第五。
⑥ 新加坡得分为6.7。

行调查而得出。尽管马来西亚在港口设施质量指数上的表现比中国好，但是中国在数字化、港口自动化（即迈向"数字港口"）和在港口运营中采取环境保护措施（即"绿色港口"）上的表现让马来西亚港口专家们惊叹。例如，巴生港务局正计划扩大规模，希望在港口运营和管理中引进中国先进的自动化系统。同时，马来西亚拥有良好的行政和法律体系。中国的港口可以在增强法治、提高透明度和改善地区营商环境方面向马来西亚学习。①

虽然中马港口联盟承诺将就人力资源培训和能力建设进行合作，但是至今只举办了三次培训课程。2017 年 11 月，为中方代表团在吉隆坡举办了关于港口条例、管理和运营的培训课程。2018 年 12 月，该联盟的马方代表团参加了由广州港务局组织的为期一周的培训课程。2019 年 10 月，联盟的马来西亚秘书处为中方成员组织了一项关注工业 4.0 及其对航运产业的影响的课程。

（三）港口和船只互联互通

根据联合国贸易和发展会议发布的双边班轮相关性指数，中国已经连续多年成为仅次于新加坡、与马来西亚联系最为紧密的国家（见表 2）。②

表 2　马来西亚—中国—新加坡双边班轮相关性指数

年份	指数（马来西亚—中国排名）	指数（马来西亚—新加坡排名）
2015	0.796（2）	0.800（1）
2016	0.785（2）	0.816（1）
2017	0.761（2）	0.796（1）
2018	0.758（2）	0.809（1）
2019	0.755（2）	0.791（1）

双边班轮相关性指数将中转量、直航、公共航线、服务竞争水平和船只大小纳入考量，数据显示中马联系紧密。尽管如此，通过成立中马港口联盟，双方的决策者和港口管理方希望创造更多的联络机遇，进一步提升航运

---

① 来源于采访，见第 145 页脚注①。
② 根据联合国贸易和发展会议整合的数据计算得出，见 http://unctadstat.unctad.org/wds/TableViewer/tableView.aspx? ReportId = 96618，accessed February 20，2020.

互联互通。为了实现这个目标，一批港口间的"姐妹关系"就此建立。关丹港和北部湾港的"姐妹关系"在成立联盟前就已经建立，随着联盟的成立，越来越多的"姐妹"港得到建立，例如福州港和巴生港、马六甲港，天津港和巴生港，青岛港和巴生港，厦门港和巴生港，广州港和马六甲港。

　　建立这样的"姐妹关系"有助于扩大商业和经济机会，因为港口也能够向其航运客户推广它们的"姐妹"港。因此，无论是一对一的港口关系，还是整个中马港口联盟网络，都被认为将帮助其成员和合作伙伴扩大货物转运业务，带来更多的贸易商。[①] 这对于马来西亚而言尤为重要，因为中国的海运班轮已经极大地帮助巴生港和丹戎帕拉帕斯港扩大了业务。同样，关丹港也将因为其与北部湾港以及马中关丹产业园的"姐妹关系"而在未来得到显著扩张。

　　此外，通过中马港口联盟，马来西亚的港口将向中国学习如何打造一个高效、简易的货物清关流程。国家交通运输物流公共信息平台是中国用于交换交通和物流信息的电子平台。2017 年 7 月，马来西亚港口代表团拜访了位于杭州的该平台办公室，旨在了解该平台是如何与东北亚物流信息服务网络共享的[②]。东北亚物流信息服务网络是港口管理者之间的单一窗口式、数字化信息写作系统，能够达到简化流程、节省行政时间、促进贸易的作用。通过该网络，贸易商只需要向其港口管理者报告一次，所有信息都将被汇集起来并传送给相应的其他港口管理者。如果马来西亚和中国的港口能够创建一个类似的网络，那么将显著地节省双边贸易所需的时间和成本。

三、挑战和展望

　　中马港口联盟谅解备忘录于 2015 年 12 月签署，但是直到 2016 年举行了宁波会议后才生效，2020 年是该备忘录生效的第四年。前文回顾了联盟在这四年间所做的工作，实事求是地说，尽管取得了一定的进展，但是仍有很长的路要走。

　　在信息交流方面，尽管中马双方都建设了网站，定期发布有用的信息，但是也许是因为缺乏人手，马来西亚方面尚未履行承诺，像中方那样

---

① 来源于采访，见第 145 页脚注①。
② 国家交通运输物流公共信息平台是东北亚物流信息服务网络的三个发起伙伴之一。

发布季度公报。同样，至少就马来西亚而言，"整体型政府"还未到位，无法实施协调一致的行动来利用港口联盟的潜力和带来的机遇。此外，中马港口联盟由交通部牵头成立，但是政府其他部门及其下属机构之间未必对此有同样的热情。对马来西亚来说，为了完全实现像中国那样的全自动化的港口运营，就必须修改、简化一些现有的海关管理和清关流程条例，各政府机构也要就程序简化达成共识。至于人员建设和能力培训，双方也应该开展更频繁、更深层次的培训课程。

中马港口联盟的好处需要多年后才能显现，但是它的作用不应被低估。值得注意的是，虽然中马港口联盟的谅解备忘录没有提及，但是中马港口合作在未来可以朝着投资和中方直接参与马来西亚港口规划、运营和开发的方向努力。马来西亚法律规定外资只能持有最多30%的马来西亚港口运营商的股份，但是政府却给予了广西北部湾国际港务集团有限公司以例外，该公司拥有关丹港口财团40%的股份。在马来西亚港口计划扩张的背景下，中国有可能在其中扮演更重要、更直接的角色。巴生港的扩建就是一个很好的例子，这已经吸引了来自迪拜、日本和中国等国家的企业的兴趣，而中国企业具有优势。正如前文提到的那样，马来西亚希望引进中国的自动化系统，而来自中国的直接投资能够让马来西亚的港口在设计自动化系统的时候进行更好的知识和技术转移。除此之外，在整合港口发展和临近工业园建设上，中国也具有非常好的经验。马来西亚对港口—工业园一体化模式非常感兴趣，这就是关丹港和马中关丹产业园的做法非常重要的原因。总而言之，虽然中马港口联盟以港口合作和设施软联通为出发点，但是也可以成为产业园和硬基础设施建设的跳板。①

中马港口联盟具有的另一影响是，它可能与东盟航运单一市场形成竞争态势。正如构建东盟经济共同体以及发布的《东盟互联互通总规划2015》《东盟互联互通总规划2025》《战略交通文莱行动计划2011 - 2015》和《吉隆坡交通战略计划2016 - 2025》所清晰传达的那样，东盟正致力于加强成员国间的互联互通。东盟航运单一市场覆盖了47个东盟港口，提出打造一个更"高效、一体化的海上交通产业"，并且将作为"为了服务于东盟市场，东盟国家升级其港口设施、提升能力的平台"，这不仅将依靠建设硬设施，还将通过劳动力市场法规、港口文件记录的协调、港口关税

①　来源于采访，见第145页脚注①。

准则的制订、电子信息共享平台的打造以及港口技术的发展和共享等"软设施"政策来实现。① 这在本质上与中马希望通过中马港口联盟来达成的目标一致，甚至更加宏大。正如 Kam 和 Tham 的研究所显示的那样，东盟内港口一体化程度越高，对深化新加坡、马来西亚、泰国和印度尼西亚等中高收入东盟国家与中国等域外伙伴的港口联系的促进作用比对低收入国家越显著。这将进一步加剧东盟内的差距。该文认为，东盟航运单一市场并不是很成功，与此同时，他们注意到中国的"一带一路"倡议似乎"比东盟自己的方案能更好地将东南亚海域联系起来"②。

结 语

与占据了大量头条新闻的大型基础设施项目相比，中马港口联盟获得的关注度较低。通过相互学习、消息共享和交流、技术合作、在政策标准和实践上协调一致，中马两国政府希望借此加强海上的"软设施联通"。在这样的合作下，两国的港口将逐渐共享技术流程和方法。至少对于马来西亚而言，中马港口联盟将提升效率、提高成本有效性，从而扩大马中贸易。中马港口联盟还将有助于加强人员联系，专业港口从业人员因处理相似问题而频繁互动，将建立互信、增强对彼此的信任。联盟还将使两国的港口相关方熟悉彼此间的运营和技术，有望带来投资、促进港口发展。

China – Malaysia Port Alliance:
A Case Study on Soft Infrastructure Connectivity
Ngeow Chow – Bing

Abstract This paper discusses the origins, content, and potential impact

① Andrew Kam Jia Yi and Tham Siew Yean, "Towards an ASEAN Single Shipping Market," in Connecting Oceans, Volume 1: Malaysia as a Maritime Nation, by Han – Dieter Evers, Abdul Rahman Embong, and Rashila Ramli (Bangi: Penerbitan Universiti Kebangsaan Malaysia, 201), pp. 126 – 127, 147.
② 同第 146 页脚注②。

of the China – Malaysia Port Alliance. The alliance began in 2016 and includes all the major ports of China and Malaysia. It is argued that this port alliance is a form of soft infrastructure connectivity, in the sense that it is aimed at enhancing connectivity and linkage through policy coordination, information sharing, mutual learning, diffusion of best practices, norms and standards, compatible and efficient cross – border management systems, harmony of regulations, and the spirit of good partnership. The paper reviews the port development policies of the government of Malaysia and analyzes how this alliance is able to help Malaysia to attain some of its goals and objectives. The major contents of the port alliance includes information exchange, capacity training, port and shipping connectivity. It also can play a facilitating role in future port investment by China into Malaysia. The paper also discusses the issues and limitations, such as the uncertainties created political changes in Malaysia, the slow progress, and the implications for ASEAN connectivity.

Key Words　China – Malaysia Port Alliance; Soft Infrastructure Connectivity; Port Policies of Malaysia; ASEAN Connectivity; "Belt and Road" Initiative

Author　Ngeow Chow – Bing, Institute of China Studies at University of Malaya, Director and Ph. D.

附　录
Appendix

中国—东盟区域发展省部共建协同创新中心简介

　　中国—东盟区域发展省部共建协同创新中心（以下简称"中心"）由广西壮族自治区人民政府主导，联合中共中央对外联络部、外交部、商务部、中国农业银行，由广西大学牵头，协同国内外重点高校、重要科研院所共同组建。中心以打造"国家急需、世界一流、制度先进、贡献重大"的中国特色新型高校智库为目标，致力于发展中国—东盟领域政治、经济、国防、外交等重大问题的合作与创新研究，培养"东盟通"特殊人才，服务"一带一路"等国家倡议。

　　中国与东盟的合作虽然取得了巨大的成就，但随着外部环境和外生因素的变化，新问题也层出不穷，严重影响和制约着中国与东盟国家在政治和经济领域的合作与发展。为加强对中国—东盟区域发展重大理论与实践问题的综合研究，为中国—东盟命运共同体建设、中国—东盟关系发展提供理论支持、政策咨询和人才支持，中心于 2015 年 3 月 15 日在北京举行了第二轮组建签约（见附图 1）。

　　第二轮组建签约后的中国—东盟区域发展省部共建协同创新中心由 28 个单位构成。主要包括牵头单位广西大学，核心单位 10 家（云南大学、暨南大学、南开大学、对外经济贸易大学、西南交通大学、中国人民解放军国防大学战略研究所、中国社会科学院亚太与全球战略研究院等），支撑单位 6 家（外交部亚洲司、外交部政策规划司、商务部亚洲司、商务部国际贸易经济合作研究院、中共中央对外联络部当代世界研究中心、广西壮族自治区人民政府办公厅），成员单位 11 家〔南京大学商学院、外交学院亚洲研究所、中央财经大学金融学院、中国人民大学国际关系学院、厦

门大学东南亚研究中心、中国—东盟商务理事会、安邦咨询公司、东中西
区域改革和发展研究院、广西国际博览事务局（中国—东盟博览会秘书
处）、广西金融投资集团、中马钦州产业园区管委会]。

附图1　中国—东盟区域发展省部共建协同创新中心组建签约仪式

　　中心依据《理事会章程》要求，围绕中国—东盟命运共同体间"讲信
修睦""合作共赢""开放包容"的建设目标，秉承"精简、高效"的原
则，实行理事会领导，学术委员会对学术问题把关的中心主任负责制。目
前，中心共有49支229人的研究团队，分别由协同创新中心主任、首席科
学家担任主要负责人，分布在10个协同创新平台中。发展培育期间，中心
已产出了200多项应用成果和400多项高水平理论成果。这些成果均具有
重要的经济和社会效益，为政府制定有关中国—东盟区域发展的重大项目
决策提供了理论依据和支持，也为我国现代化建设、经济理论创新和话语
体系构建做出了贡献。

　　1. 发展目标

　　中国—东盟区域发展省部共建协同创新中心的建设，将以国家和东盟

区域发展的重大需求为导向，以中国—东盟全面战略合作伙伴关系发展中的重大协同创新研究任务为牵引，以服务中国—东盟区域发展实践和理论创新重大需要为宗旨，提升科研、学科、人才"三位一体"创新能力，优化国际问题研究，全方位创新环境，努力将中心建设成为集科学研究、学科建设、人才培养、智库建设、体制创新于一体，世界一流的区域发展理论创新高地、政策咨询智库和人才培养基地，打造中国高校特色新型智库，使中国—东盟区域发展协同创新中心成为具有国际重大影响的学术高地。

- **科学研究**

世界一流的区域发展理论创新高地。中心在中共中央对外联络部、外交部、商务部和广西壮族自治区人民政府的共同支撑下将在科研方面不断实现创新。建立知识创新机制、体制创新机制，营造有利于协同创新机制形成的环境和氛围，打造中国高校特色新型智库。

- **学科建设**

建成中国—东盟区域发展国家特色学科。在研究的过程中，中心将凝练学科方向、汇聚学科队伍，构筑学科基地，制定学科建设规划，创新研究成果，形成新学科课程基础，有计划地举办全国或国际学术会议、接受国内外同行研究人员参与相关项目研究，发挥对外学术交流窗口作用，努力将创新中心建成本学科的全国学术交流和资料信息高地。

- **人才培养**

国际知名的创新型人才培养基地。建立了"7 校 2 院、2 央企"的协同机制，并有 5 所高校作为成员单位加入，可实现人才培养"需求与供给"对称，建立跨国家、跨学科、跨学校、跨领域的人才培养平台。

- **智库建设**

国际著名的中国特色新型智库。中国—东盟区域发展省部共建协同创新中心科研团队的组建涉及党、政、军、学、研、企各行业，既有理论研究人员，又有实践部门的案例支持，科研成果的决策应用性将更加突出"政、产、学、研、用"一体化试验田。机制创新、制度创新作为协同创新中心建设的关键，可以为人文社科领域科学研究开设试验田，在探索高等学校科研体制改革方面发挥示范和辐射作用。

2. 代表性成果

协同机制建立以来，中国—东盟区域发展省部共建协同创新中心的牵头单位和协同单位共承担东盟研究领域的各级科研项目 316 项，其中，国家社会科学基金项目 55 项，国家自然科学基金项目 24 项，中央部委课题委托 55 项；产出学术著作 191 部，学术论文 837 篇；200 多项应用成果为党和政府采纳；取得获奖科研成果 63 项。

3. 平台与研究团队集成

中国—东盟区域发展省部共建协同创新中心围绕"讲信修睦""合作共赢""守望相助""心心相印""开放包容"中国—东盟命运共同体目标，加强 10 个创新平台建设。协同机制形成后，将集中形成 6 个研究团队。这 6 个研究团队共包括 49 支研究团队，分别由协同创新中心主任、首席科学家担任主要负责人，分布在 10 个协同创新平台。

中心打破协同单位原有界限，实行"校校协同""校院协同""校所协同"，以课题和任务为纽带，形成"你中有我、我中有你"的紧密型合作。为了充分调动协同单位的积极性和创造性，增强责任感，充分发挥协同高校在基本理论研究、人才培养、学科建设方面的优势，中共中央对外联络部、外交部、商务部和广西壮族自治区人民政府、中国社会科学院在科学研究、政策咨询方面的优势，以及中国农业银行、国家开发银行在现实案例、数据库建设方面的优势，我们对各协同单位在建设中的分工都有所侧重。

广西大学国际学院简介

————————————————————

　　广西大学国际学院成立于 2018 年 6 月。由原中国—东盟研究院、东盟学院、中加国际学院、国际教育学院、广西大学复杂性科学与大数据技术研究所 5 个单位整合而成。作为广西大学最年轻的学院之一，国际学院承担着广西大学国际化战略的重要任务。目前，国际学院主要负责广西大学与美国、法国、加拿大等国知名大学的交流与合作。项目包括：中加国际学院、中美"3 + 1"本科、中美"3 + 1 + 1"本硕连读、中法"1.5 + 3.5"本科等。同时，学院还负责全校留学生的招生与管理、对外汉语教学等国际教育事务。

　　国际学院的发展得到了学校的高度重视。广西大学副校长范祚军教授兼任首任院长，覃成强教授担任学院党总支首任书记，中国社会科学院亚太与全球战略研究院王玉主研究员担任执行院长。

　　国际学院由 3 个系和 2 个研究院组成，即对外汉语系、国际合作教研系、英语与东南亚语言系、中国—东盟研究院和中国—东盟信息港大数据研究院。中国—东盟研究院成立于 2005 年，其前身是广西大学东南亚研究中心。重组后的中国—东盟研究院设立 10 个国别研究所、若干专业研究所以及中国—东盟舆情监测中心。中国—东盟信息港大数据研究院成立于 2018 年 9 月，由广西大学校属研究机构"广西大学复杂性科学与大数据研究所"、中国—东盟研究院的"中国—东盟全息数据研究与资讯中心"与中国—东盟信息港股份有限公司、中国科学院等单位整合而成。教学辅助机构和行政机构则包括党政办公室、发展规划与国际合作办公室、外事办公室、学生管理办公室、教学科研服务中心和创新发展中心。学院师资力量较强，知识结构合理，梯队整齐，目前拥有教职工 109 名，其中中方教职工 98 名，外籍教师 11 名；在读学生 546 名，其中博士研究生 15 名，研究生 35 名，本科生 496 名；留学生 1057 名，招生规模特别是留学生数量呈逐年递增趋势。

国际学院是广西大学国际化的窗口。学院结合区域发展趋势，坚持特色化办学、国际化发展的定位，不断融合先进办学理念，创新人才培养模式，为区域社会经济文化发展服务，利用自身国际化水平以及科研平台优势，向建设一流学院不懈努力。

广西大学中国—东盟研究院简介

广西地处中国面向东盟开放的前沿地带，具备与东盟国家陆海相邻的独特优势，正积极构建面向东盟的国际大通道，打造西南中南地区开放发展新的战略支点，形成"一带一路"有机衔接的重要门户。习近平、李克强等党和国家领导人曾多次作出重要指示，肯定广西在中国—东盟合作中的重要地位，并明确要求广西要积极参与中国—东盟自由贸易区、泛北部湾合作、GMS 次区域合作，充分发挥中国—东盟自由贸易区前沿地带和"桥头堡"作用。2005 年，时任自治区党委书记刘奇葆作出指示，"要加强对东盟的研究，找到合作的切入点，认真做好与东盟合作的战略规划，提出行动计划。"时任自治区党委副书记潘琦、时任自治区人民政府常务副主席李金早批示，批准广西大学联合广西国际博览事务局，整合全区高校和相关部门的研究力量，在原广西大学东南亚研究中心（1995 年成立）的基础上，成立中国—东盟研究院，为正处级独立建制，以东盟经济问题为切入点，研究中国—东盟双边贸易以及 CAFTA 建设中的重大理论、政策及实践问题，并在此基础上辐射至中国—东盟关系研究。

2005 年 1 月中国—东盟研究院成立时，下设中国—东盟经济研究所、中国—东盟法律研究所、中国—东盟民族文化研究所，主要研究方向涉及中国—东盟关系及东南亚国家的经济、法律、文化及民族等方面的问题。为适应中国—东盟关系的发展变化，2011～2013 年中国—东盟研究院进一步细化研究领域，强化研究深度，调整运行架构，将机构设置增加、调整为 10 个国别研究机构（越南、缅甸、老挝、泰国、文莱、新加坡、马来西亚、印度尼西亚、菲律宾、柬埔寨 10 个国别研究所）和 10 个专业研究机构（中越经济研究院、广西大学 21 世纪海上丝绸之路研究中心、澜沧江—湄公河经济带研究中心、中国—东盟产业发展与生态环境研究中心、国际关系研究所、民族与文化研究所/骆越文化研究中心、法律研究所、中马产业园研究中心、中国—东盟战略研究所、中国—东盟财政金融政策研究中心），并启动建设中国—东盟研究国际在线研讨平台和中国—东盟全息数据研究与咨询中心，强化科研基础设施建设。

2013 年 6 月 1 日，中共中央委员、广西壮族自治区党委书记、自治区人大常委会主任彭清华同志就中国—东盟重大课题研究和中国—东盟研究团队、研究机构的建设与发展作出重要指示："广西大学中国—东盟研究院，在高校里很有特色，有独特的地位。广西在中国—东盟关系里面，不管是一个桥头堡还是一个开放前沿，都有一个独特的区位优势，我们把广西大学中国—东盟研究院办好，加强科研团队建设，有利于更好地发挥广西在发展中国—东盟合作关系中的作用。中国—东盟研究团队多年来积累了一些研究成果，对我们今后更务实、有效地改进中国—东盟、广西—东盟的关系很重要，希望继续把它做好。"

近年来，中国—东盟研究院以"长江学者""八桂学者"为重点目标，以"特聘专家"等方式引进国内外高校及研究机构的科研骨干，跨学科交叉组建研究团队。经过长期建设发展，中国—东盟研究院已成为全国从事东盟领域研究人数最多的机构之一：现有优秀科研人员共 121 人，其中专职人员 42 人，校内兼职人员 79 人（科研管理与考核在研究院，教学在其他学院），教授（研究员）共有 45 人。专职人员中拥有国家"百千万"人才工程人选 1 人、国家级有突出贡献中青年专家 1 人，教育部"新世纪优秀人才" 2 人、"八桂学者" 1 人、广西新世纪"十百千"人才工程第二层次人选 3 人、享受政府特殊津贴专家 2 人、广西高校百名中青年学科带头人 4 人、广西高校优秀人才 3 人。校内兼职人员中，院士 1 人、长江学者 2 人、中国科学院百人计划人选 1 人、全国教学名师 1 人。校外兼职研究人员 61 人，国外合作研究人员 9 人。

目前，中国—东盟研究院作为"自治区人文社科重点研究基地"，牵头建设中国—东盟区域发展省部共建协同创新中心，实施"中国—东盟战略伙伴关系研究'部、省、校'协同创新工程"，争取"中国—东盟区域发展省部共建协同创新中心"进入国家级协同创新中心行列。在此基础上，中国—东盟研究院拟申报"教育部人文社会科学重点研究基地"，未来将为中国—东盟关系领域的全面研究提供更广阔的平台。

广西大学中国—东盟研究院立足地缘和区位优势，研究中国—东盟双边贸易以及 CAFTA 建设中的重大理论、政策及实践问题，在国内乃至东盟国家有重要影响。以广西大学中国—东盟研究院为主要建设载体的"中国—东盟经贸合作与发展"211 重点建设学科群已经成为广西该领域独占鳌头的强势学科，主要学科（专业）建设或研究方向已经达到国内领先水平。

1. 中国—东盟关系发展战略、合作机制与规则研究

以教育部重大攻关项目"推进一带一路海上丝绸之路建设研究"，国家社会科学基金项目"中国—东盟关系中政治与经济互动机制研究""《东盟宪章》《东盟经济共同体蓝图》等文件生效后的中国—东盟合作关系研究"等国家级项目为研究平台，以中国—东盟自由贸易区（CAFTA）发展进程为主线，涵盖中国—东盟合作及其影响因素（涉及地缘关系与政治、经济、民族文化、管理等方面）、中国—东盟自由贸易区（CAFTA）推进策略、CAFTA 各成员国国别政策研究、中国—东盟关系发展趋势、南中国海问题等。该研究方向涉及政治学、经济学、法学、管理学、文学五大学科门类 11 个二级学科，突出学科交叉协同研究的组合优势，研究成果直接服务于中国—东盟关系发展战略的制定与实施。

2. 中国—东盟经贸合作与区域经济一体化研究

以教育部哲学社会科学研究重大课题攻关项目"中国—东盟区域经济一体化研究"、国家社会科学基金重点项目"中国—东盟旅游与贸易互动关系研究"、国家社会科学基金项目"中国—东盟自由贸易区成员国宏观经济政策协调理论研究"、"中国西南地区与东盟区域农业合作研究"等国家级项目为研究平台，将主要研究中国—东盟经贸合作细分领域、合作策略、推动战略，研究中国—东盟区域经济一体化进程及其影响因素，研究解决中国—东盟区域经济一体化建设的理论关键问题以及理论和实践相结合的现实问题。该研究方向是广西大学东盟研究领域传统优势的再持续，涉及应用经济学、理论经济学、国际关系学等多个学科，突出多校联合和部校联合的创新协同优势，研究成果直接服务于中国—东盟自由贸易区的推进和深化、中国—东盟博览会、中国—东盟商务与投资峰会。

3. 中国—东盟产业合作、资源综合利用与生态保护研究

以国家社会科学基金重大项目"CAFTA 进程中我国周边省区产业政策协调与区域分工研究"、国家自然科学基金项目"自由贸易与跨境通道对

地缘经济区的重塑——基于 C－P 模型的实证研究"等国家级项目为研究
平台，研究中国—东盟产业合作与协调的相关政策、产业分布与资源要素
禀赋、产业成长与资源综合利用以及与之相关的环境生态等问题。本研究
特色在于文、理、工、农多学科交叉，实现自然科学与社会科学的有机结
合。本研究团队会集了院士、"长江学者"、"八桂学者"等高端人才，横
跨文科与理工科两大截然不同的领域，证明人文社会科学与理工农科相结
合确实能够实现效益倍增，科研成果充分体现部、省（自治区）、校协同
研究服务地方经济发展的协同创新优势。

　　广西大学中国—东盟研究院获得全国东盟研究领域第一个教育部哲学
社会科学研究重大课题攻关项目和第一个国家社科基金重大项目，建立了
广西人文社会科学研究的里程碑，成为中央有关部委、自治区党委、政府
及其相关部门、地方各级党委、政府的重要智囊单位，研究成果或入选教
育部社会科学委员会专家建议、中共中央对外联络部、教育部内参和成果
摘报，或获得党中央、国务院和自治区主要领导批示，在学术界和社会上
有较大的影响，居国内领先水平。

　　展望未来，中国—东盟研究院将本着跨学科、跨区域、跨国家的开放
式研究平台建设思维，整合国内外该领域研究力量，创新科研团队形成机
制，融合政治学、历史学、民族学等多个边缘学科，研究中国—东盟关系
问题，并扩展到跨国界区域性国际经济合作理论与实践问题。"中国—东
盟区域发展"作为应用经济学一级学科的新设二级创新学科，以博士点和
硕士点建设为契机，以"中国—东盟关系与区域发展"作为研究对象，试
图形成完整的中国—东盟关系研究多学科互动研究体系，使本研究团队的
理论研究具有前沿性、基础性、支撑性。

《中国—东盟研究》征稿启事

一、来稿要求作者严格遵守学术规范，引用的文献、观点和主要事实必须注明来源。独著或第一作者原则上应该具有副高及以上职称或具有博士学位。来稿一般不超过 15000 字为宜。来稿一经录用，我们将视情给予稿酬。

二、为规范排版，请作者在投稿时一律采用 Word 格式，严格按照以下要求：

1. 论文要求有题名（中英文）、内容摘要（中英文、200 字以内）、关键词（中英文、3~5 个）、作者简介（中英文）。

2. 基金项目和作者简介按下列格式：

【基金项目】：项目名称（编号）。

【作者简介】：姓名、工作单位、职务、职称、所在城市、邮政编码和联系方式（电子信箱和手机号码）。

3. 文章一般有引言和正文部分，正文部分用一、（一）、1、（1）编号法。插图下方应注明图序和图名。表格应采用三线表，表格上方应注明表序和表名。正文为五号宋体，题目三号宋体加粗，一级标题四号宋体加粗，二级标题小四宋体加粗，行间距 1.25 倍行距，脚注小五号宋体。

4. 引文注释均采用页下注（脚注）形式列出，参考文献不再列出。一般应限于作者直接阅读过的、最主要的、发表在正式出版物上的文献，具体参见附件"《中国—东盟研究》引文注释规范"。

三、文责自负。本刊实行匿名评审制度，确保论文质量。在尊重原作的基础上，本刊将酌情对来稿进行修改，不同意者请在来稿中说明。凡投稿两个月内未接到任何采用通知，作者可另行处理。切勿同时一稿多投。

四、为适应我国信息化建设，扩大本刊及作者知识信息交流渠道，本刊已被《中国学术期刊网络出版总库》及 CNKI 系列数据库收录，其作者文章著作权使用费与本刊稿酬一次性给付。免费提供作者文章引用统计分析资料。如作者不同意文章被收录，请在来稿时向本刊声明，本刊将做适当处理。

五、未尽事宜由《中国—东盟研究》编辑部负责解释。

投稿电子邮箱：zg – dmyj@ gxu. edu. cn

联系电话：0771—3232412；

著作约定与声明

如无特别声明或另行约定，来稿一经刊用，即视为作者许可本刊使用该稿件的专有发表权、发行权、复制权、网络传播权等。凡在本刊发表的文章获奖或被其他报刊转载、摘登等，请及时通知本刊编辑部。本刊允许转载、摘登和翻译，但必须注明出处，否则视为侵权。

《中国—东盟研究》编辑部

2019 年 6 月

附件：《中国—东盟研究》引文注释规范

1. 中文注释

对所引用的文献第一次进行注释时，必须将其作者姓名、文献名、出版社、出版时间、所属页码一并注出。具体格式举例如下：

（1）专著。

王子昌：《东盟外交共同体：主体及表现》，北京：时事出版社，2011年版，第 109 – 110 页。

（2）译著

［美国］汉斯·摩根索：《国家间的政治——为权力与和平而斗争》，杨岐鸣等译，北京：商务印书馆 1993 年版，第 30 – 35 页。

（3）论文

徐步、杨帆：《中国—东盟关系：新的起航》，《国际问题研究》2016年第 1 期，第 35 – 48 页。

2. 外文注释（以英文为例）

同中文注释的要求基本一致，只是论文名用引号，书名和杂志名用斜体。具体格式举例如下：

（1）专著

Robert O. Keohane and Joseph S. Nye, *Power and Interdependence*：*World Politics in Transition*, Boston：Little Brown Company, 1997, p. 33.

（2）论文

Amitav Acharya, "Ideas, Identity and Institution – Building：From the 'ASEAN Way' to the 'Asia – Pacific Way?'", *The Pacific Review*, Vol. 10, No. 3, 1997, pp. 319 – 346.

（3）文集中的论文

Steve Smith, "New Approaches to International Theory", in John Baylis and Steve Smith eds. , *The Globalization of World Politics*, Oxford：Oxford University Press, 1998, pp. 169 – 170.

3. 互联网资料注释

互联网资料格式参照以上中英文注释的要求，同时需要注明详细的网址以及登录时间。

（1）中文资料

许宁宁：《中国与东盟走过了不平凡的 20 年》，新浪财经网，2011 年 7 月 28 日，http：//finance. sina. com. cn/g/20110728/151310223248. shtml，登录时间：2015 年 9 月 6 日。

（2）英文资料

Richard Heydarian, "Japan Pivots South, with Eye on China", *The Asia Times Online*, January 26, 2013, http：//www. atimes. com/atimes/Japan/OA26Dh01. html，登录时间：2015 年 12 月 22 日。